75 ideias para criar meninas mais felizes

Publicado originalmente por Lobster Press® com o título *Come on, mom! 75 things for mothers and daughters to do together*

Texto © 2008 Cynthia MacGregor

Publicado em 2011

(Marco Zero é um selo editorial da Nobel Franquias S.A.)
Rua Major Paladino, 128 • Bloco 3 • 05307-000 • São Paulo • SP
Fone (11) 3706-1466 • Fax (11) 3706-1462
www.editoramarcozero.com.br
atendimento@editoramarcozero.com.br

Dados Internacionais de Catalogação na Publicação (CIP)
(Câmara Brasileira do Livro, SP, Brasil)

MacGregor, Cynthia
75 ideias para criar meninas mais felizes / Cynthia MacGregor ;
tradução Ligia Arata Guimarães Barros. - São Paulo : Marco Zero, 2011.

Título original: Come on, mom! 75 things for mothers and daughters to do together.
ISBN 978-85-213-1533-9

1. Mães e filhas - Literatura juvenil
2. Recreação em família - Literatura juvenil I. Título.
09-04743 CDD-028.2

Índice para catálogo sistemático:
1. Recreação em família : Literatura juvenil 028.2

Agradecimentos à Samantha da Scrapbook Star, pelo auxílio na atividade "Scrapbook"

Cynthia MacGregor

75 ideias para criar meninas mais felizes

MARCO ZERO

Sumário

Introdução

QUANDO EU ERA CRIANÇA adorava fazer coisas com a minha mãe. Podia ser brincar de mímica ou com o Jogo do Mico, sair para tomar sorvete ou mesmo lavar a louça. Não que eu gostasse de enxugar os pratos - tarefa que tinha de fazer -, mas eu podia enxugar a louça ao mesmo tempo em que mamãe lavava ou depois; e eu quase sempre optava por trabalhar ao lado dela. Nesse momento curtíamos uma à outra, às vezes, conversávamos, enquanto fazíamos o serviço, mas, com mais frequência, nós cantávamos juntas.

Quase sempre eu desafinava, não conseguia me manter no tom e mesmo que minha mãe conseguisse ser mais ou menos afinada, ela não tinha uma voz especialmente boa. Mas nós duas *curtíamos* cantar, e mais ainda, gostávamos de cantar *juntas*.

Quando as crianças crescem, às vezes querem ficar menos tempo com os pais. A mãe perde lugar para os amigos, a lição de casa e os jogos no computador. E, claro, hoje em dia, poucas mães dispõem de uma infinidade de horas para brincar com os filhos. É por isso que você quer que o tempo compartilhado com eles realmente valha a pena.

Porém, assim como eu e minha mãe tornávamos a tarefa de lavar a louça juntas algo divertido, cantando (ou às vezes apenas conversando), ou brincando com um jogo como Geografia (página 20), que não precisa de nenhum material e podia ser jogado enquanto trabalhávamos na cozinha, não é preciso gastar muito dinheiro em jogos caros ou outros equipamentos para se divertir.

Este livro é sobre diversão entre mãe e filha. Não quero desprezar os meninos, é claro, eles também são importantes, nem estou menosprezando a importância dos pais para as suas filhas. Mas este não é o assunto deste livro, que trata da diversão que mães e filhas podem ter juntas, seja numa brincadeira ou saindo para dar uma caminhada ou dando uma volta de carro para observar a paisagem.

Os jogos para as meninas não precisam ser sofisticados e extravagantes, por isso muitas atividades deste livro não são apenas para garotas, assim como no livro *75 ideias para criar meninos mais felizes*, de Ed Avis, as atividades não são todas exclusivas para pais e filhos e podem, em muitos casos, ser aproveitadas por mães e/ou filhas. Todas as atividades deste livro são adequadas para mães e filhas, mesmo que algumas também possam ser aproveitadas por pais e/ou filhos.

Então faça de todos os dias o "Dia das Mães" - ou melhor, o "Dia das Mães e Filhas" - e passe um pouco de tempo realizando uma atividade divertida junto com sua filha. Conte Complete a História (páginas 22 e 24) enquanto vocês arrumam a mesa juntas. Ou divirtam-se antes de dormir ("Quando Eu Era uma Menininha", página 112). Ou organize uma Caça ao Tesouro (página 60), apenas pela diversão.

Nem toda atividade vai se adequar a toda mãe ou a toda filha, porque talvez sua filha seja muito nova ou muito velha para algumas. Mas a maior parte delas deve se ajustar à maioria das mães e filhas. Então curta... e crie boas lembranças.

NOTA DA EDITORA:

Como sempre, por favor, tome cuidado quando você e sua filha participarem das atividades deste livro. A editora e a autora incentivam os pais a terem cuidado e bom senso ao fazerem qualquer atividade com os filhos. A editora e a autora não se responsabilizam por qualquer acidente que possa ocorrer, ou por doenças atribuídas a alergias ou hipersensibilidade.

1

Prezada futura eu

Aqui está uma boa atividade para uma tarde chuvosa ou para a hora de dormir. Faça sua filha imaginar que ela já é adulta ou adolescente. Se ela já sabe escrever, peça-lhe que ela mesma escreva a carta, com sugestões suas em relação ao conteúdo: o que ela quer contar à sua versão mais velha sobre sua vida agora, seus pensamentos, seus interesses, seus sentimentos, do que ela gosta, o que é importante para ela, o que a entristece, o que a deixa feliz, o que a intriga?

Se ela ainda não sabe escrever, peça-lhe que dite a carta e você escreve. Você pode guardar a carta e mantê-la segura para ser aberta daqui a dez, quinze ou vinte anos, ou pode deixá-la com sua filha, para que ela possa reler de tempo em tempo.

materiais necessários

CANETA OU LÁPIS E PAPEL OU COMPUTADOR

2

Repórter de rádio

SUA FILHA PODE TER OU NÃO FUTURO COMO JORNALISTA, mas ela vai se divertir fingindo entrevistar você. Ela só vai precisar de um pequeno gravador portátil ou outro aparelho que grave, uma fita virgem, e alguém disponível para ser entrevistado... você.

Há muitas variações possíveis para esta brincadeira:

- Ela pode organizar as perguntas antecipadamente, por escrito, ou pode improvisar.
- Você pode fingir ser outra pessoa e ser entrevistada como se fosse ela: uma pessoa real, viva ou morta, ou um personagem de ficção que sua filha conheça.
- Você pode ser você mesma e responder a perguntas sobre a sua vida. Podem ser ques-

materiais necessários

GRAVADOR (DE PREFERÊNCIA PORTÁTIL, COM MICROFONE EMBUTIDO) E FITA VIRGEM, ENCONTRADA A PREÇOS BAIXOS NA LOJA DE ELETRÔNICOS LOCAL, OU UM CELULAR OU OUTRO APARELHO QUE GRAVE VOZES

tões relativas à sua vida atual (por exemplo: "Qual é o seu sorvete predileto?"; "Se pudesse ter um desejo atendido, qual seria?"; "O que prefere: abraços ou beijos?"; "Por que acha tão importante dizer 'Por favor' e 'Obrigado'"?); ou questões sobre o passado (por exemplo: "Quando criança, qual era seu brinquedo preferido?"; "Você se meteu em encrenca quando era criança? O que fez? Os seus pais lhe deram algum castigo?"; "Você teve algum bicho de estimação quando era pequena?").

- Ela pode querer trocar de papel de modo que você seja a repórter e ela a entrevistada.

Guarde a gravação. (Transfira para um CD ou para o computador, ou ambos. No futuro, você vai adorar ouvir sua filha brincando de repórter, tantos anos atrás.)

✿

3

Scrapbook

"VOCÊ SE LEMBRA...?" Estas três palavras ditas com tanta frequência confirmam o poder da memória. É divertido se lembrar das coisas! A lembrança é ainda mais divertida quando feita a duas... assim como capturar a essência de hoje para relembrar amanhã. Então juntem essas preciosas lembranças e guardem em um *scrapbook*.

Qualquer coisa plana e chata, como um convite de festa, fotos e talvez uma cópia impressa de computador ou escrita à mão de um poema feito pela sua filha servirá para esta atividade. Use papel-cartão como moldura para qualquer suporte que contenha ácido (como papel, revista ou recortes de jornal) se estiver

materiais necessários

ÁLBUM DE RECORTES, TESOURA, COLA, CANETA, PAPEL ESTAMPADO, PAPEL-CARTÃO, ADESIVOS, FIGURAS E MATERIAIS EM PAPEL QUE VOCÊ QUEIRA GUARDAR (FOTOS, CONVITES DE FESTAS, RECORTES DE JORNAIS, CARTÕES-POSTAIS, INGRESSOS DE FILMES OU SHOWS E OUTRAS LEMBRANÇAS). OPCIONAL: GUILHOTINA (PARA CORTES MAIS PRECISOS) interessada em preservar o álbum por bastante tempo. (Se vocês gostam de álbuns e gostariam de ir para o próximo nível, não faltam recursos por aí. Esta é mais uma introdução ao mundo dos *scrapbook*.)

Inclua também entrevistas com sua filha em algumas páginas (por exemplo: Qual é sua cor predileta? O que quer ser quando crescer?). Não que o álbum precise ser necessariamente sobre sua filha. Um álbum voltado para a família é uma das várias opções possíveis.

De qualquer modo, você pode ajudá-la a selecionar e montar o *scrapbook* com o que quer que seja que ela queira guardar, ou vocês podem decidir juntas, decorando as páginas com papel estampado e gravuras.

Ela também pode escrever algumas palavras ou algumas sentenças, com a caneta, sobre o evento que está sendo preservado para a posteridade, sobre o item que foi colocado no *scrapbook*, seja uma fotografia, o programa de uma peça escolar ou qualquer outra coisa.

4

Mamãe comeu jacaré!

A maioria das placas de licença de carros usa combinações de três letras junto com quatro números, e essas letras das placas são o material necessário para jogar Mamãe Comeu Jacaré com sua filha da próxima vez em que estiverem dentro do carro.

Para jogar, simplesmente olhe para o carro à sua frente, ou qualquer outro veículo cuja placa possa ser lida facilmente, e invente uma frase em que cada palavra comece com as letras da placa. O nome "Mamãe Comeu Jacaré" surgiu da primeira vez em que uma amiga minha fez este jogo. A irmã da minha amiga olhou para a placa do carro na frente, cujas letras eram MCJ, declarou que a sigla significava "Mamãe Comeu Jacaré"... e assim nasceu o jogo e ele recebeu este nome.

materiais necessários

NENHUM

Você e sua filha podem tentar se revezar, inventando uma frase maluca baseada nas letras de qualquer placa que vocês quiserem. Embora possam tentar superar a outra em maluquice, não se trata de um jogo competitivo. Não há vencedores, só diversão. (Embora, até certo ponto, você seja uma vencedora, já que o jogo vai acabar com o coro de "Falta muito para chegar?")

5

Papéis "frutados"

VOCÊ E SUA FILHA VÃO CRIAR BELOS PAPÉIS com carimbos de frutas cortando uma ou mais frutas ao meio (alerta: isso envolve uma faca afiada, então é melhor você mesma cortar a fruta) e depois use a metade da fruta como um carimbo para estampar a imagem da fruta no papel.

Primeiro corte a fruta. Em seguida dobre o papel-toalha ao meio pelo menos duas vezes e coloque-o no prato. Ponha a tinta sobre o papel-toalha, deixando o papel úmido, mas sem encharcar. Segure uma metade da fruta deixando o lado cortado para baixo, umedeça esse lado da fruta na almofada de tinta (papel--toalha) e aplique com leveza, mas uniformemente na parte de cima de uma folha de papel. Repita com as outras folhas de papel e/ou outros pedaços de fruta. Deixe secar. Você terá um papel decorado com tema de frutas em que pode escrever cartas. Entre outros usos, o papel decorado serve para escrever bilhetes de agradecimento.

materiais necessários

UMA OU VÁRIAS FRUTAS (POR EXEMPLO: MAÇÃ, PERA, UVA – NADA TÃO IRREGULAR QUANTO UM ABACAXI OU MOLE QUANTO UMA AMEIXA), UMA FACA AFIADA, TINTAS ATÓXICAS, PAPEL-TOALHA, PRATO E PAPEL (DE PREFERÊNCIA EM TOM PASTEL, MAS BRANCO TAMBÉM SERVE)

6

Corrida de modelos

O QUE AS MODELOS FAZEM? Desfilam com graça e elegância. O que você precisa fazer nessa corrida? Exercitar-se para andar com elegância, equilibrando livros... na cabeça. Coloque um livro sobre sua cabeça e outro sobre a cabeça de sua filha, tomando cuidado para que não caiam. Vejam quem será a primeira a completar um determinado percurso - a passarela - sem derrubar os livros. Escolha um caminho adequado: o comprimento do cômodo (ou corredor) mais longo de sua casa ou talvez uma faixa em seu quintal.

materiais necessários

DOIS LIVROS

Então, as duas ficam lado a lado, com os livros equilibrados sobre as cabeças, e caminham até a parede, cerca ou qualquer que seja o ponto final escolhido.

Se alguma de vocês derrubar o livro, terá que ficar parada, repor o livro na cabeça, tirar a mão do livro e voltar a andar.

Assim, a pessoa mais rápida ou de pernas mais longas não será necessariamente a vencedora.

Preparar, apontar, já!

7

Geografia

ESTE NÃO É UM JOGO PARA MENINAS de quatro anos de idade, mas é adequado para a filha de oito anos (ou mais). Ele requer algum conhecimento de nomes de lugares e das letras com que os nomes começam. Se você iniciar o jogo - falando o nome de qualquer lugar que você escolher - como, por exemplo "Piauí", então, como o nome termina com "I", sua filha tem que citar um lugar que comece com "I". "Inglaterra", ela diz, e é sua vez.

materiais necessários

NENHUM

Você deve escolher "Amazonas", "Alemanha" ou "África do Sul"? Depende de qual você acha mais fácil para ela encontrar outra palavra. Se você disser "Amazonas", ela terá que dizer um nome de lugar que comece com "S" ("Suécia"? "São Paulo"? "Santiago"?). Ela vai conseguir pensar em um local *que ainda não foi usado no jogo*? Porque se foi, ninguém pode repetir.

O primeiro jogador que não conseguir pensar em um local começando com a letra pedida, que ainda não tenha sido usada, está fora do jogo... e os outros jogadores vencem.

8

Prendedores de cabelo floridos

A COLA PROVAVELMENTE SERÁ SUA RESPONSABILIDADE, mãe, a não ser que sua filha tenha idade suficiente para manuseá-la sem perigo, mas a criação das presilhas de cabelo é definitivamente a parte dela nessa atividade. Deixe-a ordenar as flores e as pedras falsas na presilha como ela quiser.

Depois, você pode usar a pistola de cola para colocar cada peça decorativa no lugar definido por sua filha.

Ela pode não apenas usar as presilhas que criou como presenteá-las para as amigas.

materiais necessários

PRESILHAS DE CABELO PRATEADAS, FLORES DE PLÁSTICO, *STRASS* OU OUTRAS IMITAÇÕES DE PEDRAS PRECIOSAS E COLA

9

Complete a história (sem ordem alfabética)

ESTE É UM JOGO DIVERTIDO que não precisa de nada além da imaginação. Na primeira vez em que você brincar disso com sua filha, é melhor você começar. Inicie uma história... qualquer história de ficção, que pode ser sobre uma menininha, um dragão, uma família ou um gato - você decide sobre quem a história será e vai inventando enquanto conta.

E você continuará por talvez o equivalente a um parágrafo ou três, no máximo. Então, bem no momento crucial, você para a história. O que define esse momento? Pode ser quando a menininha acha uma caixa de sapatos na calçada, mas quando ela tira a tampa, ela não encontra um par de sapatos, mas um ________. Ou pode ser quando as irmãs gêmeas descobrem uma porta secreta no sótão e, quando a porta abre vagarosamente, elas ficam encantadas com a visão de um ________! Ou de um dragão que estava se sentindo solitário porque ninguém queria brincar com ele. E então, um dia, algo fantástico aconteceu...

Assim você vai parar sua história, em algum ponto importante, e será a vez de sua filha continuar a história. Ela, também, deve manter a narrativa curta e depois devolver a história para você, de preferência (embora não seja essencial) em outro ponto crucial.

E assim a história vai, mudando de jogador para jogador, cada um adicionando algo ao que aconteceu antes. O jogo termina quando alguém levar a história a uma conclusão satisfatória, ou quando vocês concordarem que já foi suficiente e que querem fazer outra coisa.

materiais necessários

NENHUM

10

Complete a história (em ordem alfabética)

Bem semelhante ao jogo anterior, esta versão é para jogadores mais velhos que querem mais desafios para suas proezas de contador de histórias, que sabem o alfabeto e já sabem escrever. Nesta versão, a contribuição de cada jogador é apenas uma frase por vez e essa frase deve seguir a ordem alfabética. Ou seja, o jogador que inicia a história cria só uma frase, que pode começar com qualquer letra do alfabeto. Vamos supor que o início seja: "Um dia, uma menininha chamada Júlia decidiu que queria visitar a avó". A primeira contribuição de sua filha para a história deve ser uma frase que *tem de começar com a letra seguinte da que iniciou a sua.* Como a frase começa com "U", a da sua filha deve começar com "V". A seguir é a vez de acrescentar outra frase: uma começando com "X".

materiais necessários

NENHUM

Lembrete: antes de começar esta atividade, é permitido combinar não usar certas letras do alfabeto. Normalmente, deixam-se de fora do jogo as letras X e Z, embora não haja uma regra a ser seguida.

Outro lembrete: nesta versão do jogo, ainda mais do que na versão sem ordem alfabética, é comum que a ambientação, o enredo e mesmo o protagonista da história mudem... inclusive muitas vezes durante a história. Tenha em mente que isso não é contra as regras e não há nenhuma razão para desencorajar tais mudanças. As únicas regras que precisam ser seguidas são que a contribuição de cada um seja a de somente uma frase por vez e que elas sigam a ordem alfabética.

Assim como em "Complete a História" das páginas 22 e 24, o jogo termina quando a história chega a uma conclusão lógica ou quando os jogadores se cansarem... ou, neste caso, pode-se decidir que a história acabou quando vocês voltarem à letra do alfabeto com a qual começaram o jogo.

11

Cola lamba-e-grude

AVISO: ESTA É UMA BOA DIVERSÃO, com muita bagunça, para envolver a sua filha - e o resultado será uma cola que ela pode realmente usar (para colar figuras, fotos ou outras coisas em álbuns, para colar recortes de papelão em outro papelão e para qualquer outro projeto em que ela normalmente use cola... como a atividade do Scrapbook na página 16). Veja a seguir a receita do preparo da cola. É preciso ajudar a sua filha.

Aqueça a água em uma panela e coloque a gelatina na tigela. Quando a água ferver, despeje-a sobre a gelatina e mexa a mistura com o garfo até dissolvê-la. Adicione o açúcar e misture bem. Deixe esfriar e secar bem no papel antes de lamber.

Além dos usos acima, sua filha pode usar a cola para grudar

materiais necessários

UM ENVELOPE DE GELATINA SEM SABOR, ¼ DE COPO DE ÁGUA FERVENTE, UMA COLHER (SOPA) DE AÇÚCAR, PANELA, GARFO, TIGELA REFRATÁRIA E VASILHA PARA GUARDAR A COLA (OPCIONAL - NECESSÁRIO APENAS PARA SOBRAS) selos falsos em envelopes e para colar adesivos caseiros em papéis de carta. Se não usar logo, a pasta vai secar; ela pode molhar a cola para umedecê-la quando quiser usá-la novamente.

12

Fantoches

Sua jovem manipuladora de bonecos vai apresentar um espetáculo... depois que criar estes fantoches muito simples e básicos de que ela precisa. Para elaborar os fantoches, ela precisa cortar fotos de pessoas em revistas ou desenhá-las em papelão, usando giz de cera. E a sua parte nesta atividade? Você vai auxiliá-la e trabalhar junto com ela.

Procurem juntas figuras de pessoas em revistas. Deixe-a escolher os "personagens" que ela quiser: homens, mulheres, meninos, meninas, ou mesmo animais. Ou ela pode desenhar pessoas em papelão, usando giz de cera.

Quando ela tiver desenhado ou selecionado as páginas com todas as figuras de pessoas que ela quiser para seu teatro de fantoches (cerca de cinco é o suficiente), é preciso recortar em volta de todas as figuras para que todo o fundo seja removido e sobre apenas a figura da pessoa (ou animal). (Você pode ajudá-la se ela for pequena demais.) Depois, ela precisa colar a figura em um palito de picolé.

materiais necessários

FIGURAS DE PESSOAS RECORTADAS DE REVISTAS OU DESENHADAS POR SUA FILHA EM PAPELÃO, GIZ DE CERA (SE USAR A OPÇÃO DE DESENHAR), TESOURA, COLA, PALITOS DE SORVETE, MESA DE CENTRO E MESA GRANDE OU QUALQUER OUTRO "PALCO PARA OS FANTOCHES"

Ela pode fazer um roteiro de uma peça se quiser, embora seja mais provável que ela esteja interessada em diálogos improvisados. De qualquer forma, ela pode deitar uma mesa de centro e se abaixar atrás do tampo da mesa, segurar os fantoches de modo que as mãos dela fiquem abaixo do tampo da mesa, mas os fantoches fiquem acima, e elaborar uma peça para você. Ou, se não houver uma mesa pequena, ela pode se abaixar do lado mais distante da mesa de jantar e segurar os fantoches acima do tampo da mesa.

Não se esqueça de aplaudir! Todo mundo precisa de um público que o aprecie.

13

Contas de farinha com sal

SUA FILHA PODE CRIAR JOIAS para usar ou dar de presente. Ela também pode criar joias com contas... e a melhor parte é que ela mesma pode fazer as contas! Veja como:

Em uma tigela, misturem o sal e a farinha e adicionem água suficiente para a mistura ficar uma massa firme. Se quiserem, adicionem algumas gotas de corante de alimentos. (Se quiserem mais de uma cor de contas, usem uma ou mais tigelas, separem a massa, colocando uma porção em cada tigela, e adicionem uma cor diferente de corante de alimentos em cada uma.)

Se não tingirem as contas com corante de alimentos no estágio de "massa", ainda podem pintá-las depois que estiverem pron-

materiais necessários

DOIS COPOS DE SAL, UM COPO DA FARINHA, ÁGUA, CORANTE DE ALIMENTOS OU TINTA (ACRÍLICA OU GUACHE), UMA TIGELA, PALITOS DE DENTE, JORNAL PARA FORRAR, BARBANTE FINO OU FIO DENTAL, PINCEL (SE VOCÊ ESTIVER USANDO TINTA EM VEZ DE CORANTE DE ALIMENTOS) E COPO MEDIDOR

tas e secas. Esta opção deixa as cores mais brilhantes e variadas, mas tingir a "massa" com a qual se faz as contas é mais rápido e faz menos bagunça.

Agora transformem pequenas porções da mistura em contas. Furem cada conta com um palito de dente, atravessando-a, tirem o palito e deixem a conta secar.

Quando todas as contas secarem, se não foram tingidas com corante, pinte com guache ou tinta acrílica. É preciso pintar um lado, deixar secar, e só depois pintar o outro lado.

Passem as contas no fio, fazendo um ou mais colares ou pulseiras.

14

Alfabeto sobre rodas

Se a sua filha gosta de jogar Casa do Alfabeto (página 90), apresente-a ao Alfabeto sobre Rodas durante seu próximo passeio de carro.

materiais necessários

NENHUM

Para começar esta atividade, sua filha olha pela janela do carro e identifica as várias letras do alfabeto, "A", "B" , "C" e assim por diante, que ela pode encontrar em placas, sinais de trânsito, placas de limite de velocidade, placas de carro, ou, se você estiver na cidade e não na estrada, nas fachadas das lojas. Porém - aqui está o segredo que faz o jogo não ser tão fácil e acabar tão rápido - ela tem que procurar as letras *em ordem alfabética.* Isto é, ela tem de achar um "A" antes de achar um "B". Assim, se um "X" tão difícil de encontrar aparece em uma fachada de loja antes de ela achar o "W", ele não servirá para nada. Ela não pode usá-lo (nem guardar para uso futuro).

Uma variação mais difícil: para um desafio maior, crie uma regra em que a letra em questão tem que estar no começo da palavra (ou estar na primeira posição em uma placa de carro).

Outra variação: faça sua filha procurar não as letras, mas sim objetos cujos nomes comecem com a letra que ela tem que achar. Ou seja, para "C" ela tem que procurar um objeto que comece com "C" - como "carro". (Essa foi fácil... mas o que ela fará com um "X" e um "Z" - a não ser que você passe por um zoológico?)

15

Safári de borboletas

LEVE A SUA FILHA PARA "CAPTURAR" algumas das belezas mais deslumbrantes da natureza... com a máquina fotográfica. Não precisa ser uma máquina digital, qualquer uma serve. (Uma câmera de celular também serve - qualquer coisa que sirva para tirar fotos das borboletas que você encontrar em seu "safári".) Esta atividade deve ser praticada em dias mais quentes, quando há mais borboletas.

materiais necessários

MÁQUINA FOTOGRÁFICA,
LIVRO SOBRE BORBOLETAS
E/OU ENCICLOPÉDIA
E/OU COMPUTADOR (PARA CONSULTAR BORBOLETAS NA INTERNET)

Se foi usada uma máquina digital, vocês podem começar a segunda parte do safári assim que voltar para casa.

Quando vocês já tiverem as fotos, começa a segunda parte da caçada: a busca por informação.

Filhas que já leem podem espiar um livro sobre borboletas (talvez emprestado da biblioteca), uma enciclopédia ou procurar na internet, junto com você. Filhas que ainda não sabem ler, ou aquelas que ainda estão aprendendo a soletrar G-A-T-O precisarão da sua ajuda para procurar as informações e se inteirar do assunto. De qualquer modo, vocês duas podem trabalhar juntas e achar uma foto nos livros ou na internet que pareça com a foto de cada borboleta que vocês "capturaram", a fim de identificar as espécies pelo nome e então ler para aprender mais sobre elas.

16

Fonte borbulhante

ESTE É OUTRO PROJETO DE PURA CURTIÇÃO que oferece dupla diversão: fazer a mistura e depois assistir aos resultados assim que as bolhas jorrarem como em uma fonte ou um gêiser. Siga estas instruções para você e sua filha criarem uma fonte borbulhante juntas:

Trabalhe em uma pia ou banheira, ou fora de casa - em um lugar onde um transbordamento ou derramamento não prejudicarão nada nem ninguém. Primeiro coloque o funil na garrafa. A seguir adicione a água, o fermento e o detergente através do funil, dentro da garrafa. Por último, coloque o vinagre. Tire o funil e, imediatamente, você e sua filha devem se afastar da garrafa (senão correm o risco de

materiais necessários

DUAS XÍCARAS DE ÁGUA, UMA COLHER (SOPA) DE FERMENTO, ALGUMAS GOTAS DE DETERGENTE, TRÊS COLHERES (SOPA) DE VINAGRE, GARRAFAS ALTAS DE GARGALO ESTREITO (COMO GARRAFAS DE REFRIGERANTE), UM FUNIL, UM COPO MEDIDOR E COLHERES DE MEDIDAS

levar um jato na cara). Vejam como a garrafa borbulha e “entra em erupção”.

17

Massa de modelar de pão

PENSE EM COMO DEVE SER DIVERTIDO para a sua filha brincar com massinha feita por ela mesma... com a ajuda da mãe, é claro. Quer saber como? Está bem!

Tire a casca dos pães. (Não é preciso uma faca, use as mãos). Parta o pão em pedaços pequenos - talvez quadrados de 1 cm. (Não precisa ser exato.) Coloque-os na tigela. Adicione a cola e o suco de limão ao pão, misture e amasse-os com os dedos até

materiais necessários

QUATRO FATIAS DE PÃO DE FÔRMA, TRÊS COLHERES (SOPA) DE COLA BRANCA, DUAS GOTAS DE SUCO DE LIMÃO, TINTA, UMA TIGELA, PINCEL, SACO PLÁSTICO PARA GUARDAR A MASSA RESTANTE E COLHERES DE MEDIDAS

ficar uma massa homogênea. Essa é sua massa de modelar de pão.

Agora que fez a massinha, sua filha (e você também!) pode modelar animais, flores ou o que quiser. Deixe suas criações secarem por um ou dois dias (dependendo da umidade). Guardem as sobras da massa em saco plástico, na geladeira, para brincar com ela outro dia. E quando as criações secarem bem, pintem.

18

Perfume S.A.

CRIAR O SEU PRÓPRIO PERFUME - que divertido! Sua filha ficará encantada em criar essências florais que ela pode usar - e talvez você também queira usar.

Primeiro saiam juntas para colher flores. Ensine à sua filha os locais de onde ela pode pegar flores (por exemplo: no seu jardim ou flores silvestres) e onde ela não pode (por exemplo: no jardim do seu vizinho). Também a alerte em relação aos espinhos, se necessário. Você também pode comprar flores cheirosas baratas (por exemplo, cravos) em uma floricultura ou no supermercado. Sejam colhidas ou compradas, selecione flores perfumadas. A aparência não importa. Use apenas um tipo ou vários tipos, a partir dos quais o seu perfume será criado.

materiais necessários

ALGUMAS FLORES PERFUMADAS, ÁGUA QUENTE DA PIA, UM PILÃO OU A PARTE DE TRÁS DE UMA COLHER E UMA TIGELA PARA AMASSAR AS FLORES, LENÇO DE PAPEL, PAPEL-TOALHA OU FILTROS DE CAFÉ DE PAPEL, UM FUNIL OU PENEIRA OU COADOR DE CAFÉ, OUTRA TIGELA; RECIPIENTES, DE PREFERÊNCIA DE VIDRO, PEQUENOS E LIMPOS (UM PARA CADA TIPO DE FLOR QUE VOCÊ PEGOU – VIDROS DE SOPINHA DE BEBÊ SÃO BONS PARA ISSO, OU VIDROS DE AZEITONA OU ALGO SEMELHANTE); CONTA-GOTAS, PAPEL E CANETA OU LÁPIS (OPCIONAL)

Assim que voltarem para casa com as flores, corte-as em pedaços, depois amasse com um pilão ou com a parte de trás de uma colher espremendo contra uma tigela. *Se há mais de um tipo de flor, deixe os diferentes tipos separados uns dos outros.* Amasse cada tipo em uma tigela diferente.

Agora proceda com cada tipo de flor da seguinte maneira: forre a peneira, funil ou coador de café com o lenço de papel, papel-toalha ou filtro de café de papel. Coloque as flores amassadas de um tipo no filtro e despeje um pouco de água quente enquanto o segura sobre uma tigela. A quantidade de água usada vai depender de quantas flores amassadas tiver, mas comece com 1/8 de copo ou menos.

Quando a água acabar de coar, você terá flores amassadas e úmidas na peneira, coador ou funil. Descarte-as. Você também terá água, que agora cheira a flores e é chamada de essência (essência de rosa, essência de violeta, essência de jasmim, essência de madressilva etc.). Despeje em um recipiente limpo. Repita esse processo para cada tipo de flor coletada e amassada.

Se você tiver trabalhado com só um tipo de flor - vamos dizer, rosas - agora tem essência de rosa, que é o seu perfume. Mas a maioria dos perfumes é uma mistura de vários tipos diferentes de essências. E é isso que pode ser feito agora. Se você tem dois, três, cinco ou qualquer número de essências diferentes, sua filha pode combiná-las de formas variadas, criando perfumes diferentes. O melhor modo é usando um conta-gotas.

Seria bom manter um registro das diferentes fórmulas criadas. Se achar que quatro gotas de essência de rosa, duas gotas de essência de violeta e uma gota de essência de madressilva criam um perfume do qual ela particularmente gosta, ela pode querer recriar essa combinação outra vez. Então é bom anotar a fórmula.

Ela pode criar diferentes misturas, dando a cada uma um nome, como as indústrias de perfume. Ela pode até fazer perfumes diferentes para cada uma de suas amigas, criando uma fragrância individual para cada uma: um perfume feito especialmente para aquela pessoa.

E, é claro, você também pode receber uma garrafinha de seu perfume especial!

19

Tinta invisível

SE A SUA FILHA já sabe ler e escrever, ela tem idade suficiente para mensagens secretas escritas com tinta invisível. Vocês podem deixar mensagens secretas uma para a outra, com qualquer conteúdo: desde "Eu te amo" até "Há uma surpresa para você escondida na

materiais necessários

SUCO DE LIMÃO, PALITOS DE DENTE, FONTE DE CALOR COMO UM AQUECEDOR, UM ESPREMEDOR DE LIMÃO, E UMA TIGELA OU COPO, PAPEL gaveta dos talheres" ou ainda "Hoje é noite de macarrão!". Veja como se escreve (e se lê) uma mensagem com tinta invisível:

Esprema o limão e despeje o suco em uma tigela ou um copo. Mergulhe o palito de dente no suco de limão e use como uma caneta para escrever no papel. Quando o suco secar, ele ficará invisível. Agora dê a mensagem para sua filha. (Ou peça para ela escrever uma mensagem e dá-la a você.) Você ou ela podem fazer a mensagem reaparecer segurando o papel sobre ou debaixo de uma fonte de calor (como um secador de cabelos).

20

Banda de percussão

MESMO QUE SUA FILHA não pretenda ser a baterista de uma banda quando crescer, vocês podem se divertir tocando "instrumentos de percussão" feitos em casa (ou de brinquedo). Qualquer coisa que faça barulho quando se bate pode ser considerada - pelo menos para esses fins - um instrumento de percussão... embora eu não sugira que se use alguma coisa valiosa, é claro.

materiais necessários

QUALQUER COISA QUE CRIE UM BOM E BARULHENTO ACOMPANHAMENTO DE PERCUSSÃO PARA MÚSICA, COMO UM POTE DE METAL OU UMA COLHER DE MADEIRA, OU UM TAMBOR OU PANDEIRO DE BRINQUEDO, OU MESMO UM PEDAÇO GRANDE E GROSSO DE PAPELÃO PARA MARCAR O COMPASSO

Na verdade, as possibilidades são quase ilimitadas. Ou pelo menos, elas são limitadas apenas quanto ao que você tem em casa, se é algo quebrável ou se o nível de barulho criado seria algo além do suportável. Instrumentos de percussão de brinquedo, como tambores ou pandeiros, também servem para a atividade.

Selecione os seus "instrumentos" - sim, no plural... um para você também, mamãe. E decida se vocês vão se acompanhar enquanto cantam ou vão criar percussão adicional para uma música de fundo. Depois, coloque a música ou comece a cantar... e ajude a sua filha a tentar se manter no ritmo da música.

21

Passeio divertido

NESTES DIAS DE "EXERCÍCIOS PROGRAMADOS", as pessoas correm, fazem musculação, ioga, andam de bicicleta... mas poucas passeiam, a não ser para ir do ponto A para o B.

O que aconteceu com o passear só por diversão?

Ou talvez vocês possam fazer uma caminhada por uma causa - uma corrida para arrecadar dinheiro em que você reúne pessoas para doarem certa quantidade de dinheiro por quilômetro que vocês andarem. O dinheiro será doado para uma causa que você ou sua filha achem justa. (Se ela for muito pequena, talvez não entenda esse conceito de fazer uma caminhada por uma causa, ou mesmo do que se trata uma entidade beneficente, mas se ela tiver um pouco mais de idade, ela pode se interessar por alguma causa em particular.)

materiais necessários

NENHUM

Se você caminhar por uma causa, sua filha se beneficia cinco vezes:

- Ela aprende a trabalhar por causas que valham a pena.
- Ela ajuda a organização de sua escolha.
- Ela pode passar um tempo significativo e especial com você.
- Ela pratica um bom exercício.
- A caminhada em si pode ser aproveitada de outros modos também: ao andar, vocês veem mais as coisas a sua volta do que quando a paisagem passa por vocês em um carro em movimento. Vocês também podem parar para pegar flores, colher pinhas, sentir o cheiro de tomates crescendo no jardim do outro lado da cerca, observar pássaros, observar as formas das nuvens ("O que aquela nuvem lembra?") e interagir com as coisas ao seu redor - se não fisicamente, então intelectualmente (observando o bairro, fazendo perguntas ou mesmo adivinhando a história por trás do que se vê).

O carro *pode* fazer parte das excursões: em vez de andar pelo mesmo quarteirão todas as vezes, ou sempre percorrer os mesmos quilômetros em ruas da cidade, você pode ir até bairros diferentes e passear por eles.

22

Golfe superfácil

MESMO SE VOCÊ NUNCA FOI A UM CLUBE DE GOLFE, você e sua filha podem jogar Golfe Superfácil juntas. E você não precisa cavar todo o jardim para jogar!

No Golfe Superfácil, você marca pontos passando a bola entre um par de tijolos (ou qualquer outro objeto que sirva de "gol" no qual você possa mirar a bola) em vez de acertá-la em um buraco. E a "bola" não é uma bola de golfe normal; é feita com três meias velhas, enroladas. Da mesma forma, o taco de golfe não é um taco convencional; é um taco de jornal, feito de folhas enroladas. Vocês podem compartilhar o mesmo taco ou fazer um para cada uma.

materiais necessários

DOIS TACOS DE JORNAL (PARA OS QUAIS SERÃO NECESSÁRIAS VÁRIAS FOLHAS DE JORNAL E FITA CREPE), UMA BOLA DE MEIA (FEITA COM VÁRIAS MEIAS VELHAS – AGORA VOCÊ ENCONTROU UM USO PARA ELAS!) E TIJOLOS OU QUALQUER OUTRO OBJETO QUE POSSA MARCAR OS "GOLS" PELOS QUAIS SE POSSA PASSAR A BOLA

Para fazer o taco de jornal, enrole algumas folhas de jornal bem apertadas e prenda com fita crepe. Faça o taco longo o bastante para alcançar até o chão, e grosso o suficiente para não amassar quando bater na bola de meia (ou numa pedra na grama).

Um campo de Golfe Superfácil não precisa ter os nove ou oito buracos regulares - pode ter o número que vocês quiserem, dependendo do tamanho da área e do número de tijolos (ou outros marcadores do gol) que houver à disposição. Vocês podem até jogar um jogo regular de nove buracos colocando três gols e estipulando que o jogo consiste em acertar a bola em cada um dos três gols e então fazer o ciclo mais uma vez, e mais uma... totalizando nove.

Faça um marco para cada buraco - o ponto em que vocês posicionarão a bola de meia para jogar. Mantenha um registro de quantas tacadas cada uma precisou para fazer a bola de meia passar pelos marcadores ("bola dentro"). Como em qualquer jogo de golfe, o vencedor é aquele que conseguir completar o circuito com o menor número de tacadas.

Se uma bola passa do ponto por fora dos marcadores, o jogador precisa dar uma tacada para trás e tentar de novo. Conta-se um ponto quando a bola passa entre os marcadores, indo na direção certa. Uma bola que cair em algum "obstáculo" (canteiro de flores ou outro ponto em que não dá para jogar), pode ser colocada em um ponto junto ao obstáculo em que ela pousou, com o jogador recebendo a penalidade de duas tacadas.

23

"Pinturas" arranhadas

Você e sua filha podem trabalhar lado a lado na mesma mesa, comparando os resultados quando estiverem prontos. Primeiro, cubra todo o papel com desenhos aleatórios de listras, espirais e faixas com cores variadas da aquarela. (Não use a cor preta.) Não é preciso tentar formar um padrão, desenhar algo ou ser artística. É uma pintura ao acaso. Apenas cubram bem toda a superfície do papel com cores.

Quando a folha estiver toda colorida, e a tinta tiver secado, peguem o giz de cera preto e cubram todas as cores que vocês acabaram de pintar. Quando o papel estiver totalmente preto, usem a borda da moeda para riscar levemente linhas e curvas sobre o giz preto. Assim que a cobertura preta for riscada, aparecerão linhas coloridas no preto uniforme da página. Não dá para saber antecipadamente que cores vão aparecer. Todas as cores aleatórias originais por baixo do preto surgem nas linhas igualmente aleatórias dos riscos de moeda, resultando em formas malucas e incomuns em termos de sombra e tons.

materiais necessários

PAPEL (PODE-SE USAR PAPEL NORMAL, MAS SERIA MELHOR UM PAPEL MAIS GROSSO COMO CARTOLINA), TINTA PARA AQUARELA E PINCÉIS, DOIS GIZES DE CERA PRETOS, DUAS MOEDAS DE QUALQUER VALOR (UMA PARA CADA) E JORNAL PARA COBRIR A ÁREA DE TRABALHO

Compare os resultados depois. (Mas lembre-se que isso *não* é uma competição para ver quem tem o desenho mais bonito, colorido ou incomum.)

24

Papel reciclado

NUNCA É CEDO DEMAIS para as crianças aprenderem como reutilizar e reciclar. Sua filha tem ideia de como se faz papel? E o papel reciclado? Ela vai reciclar um pouco de jornal e transformá-lo em papel nessa experiência divertida que precisará de mais ou menos ajuda, dependendo da idade da sua filha. Veja como vocês duas vão fazer o papel reciclado:

Corte a parte de baixo de dois recipientes de plástico idênticos de modo que o fundo da caixa forme um retângulo (como um bastidor) do tamanho do papel que você quer fazer. Coloque dois pedaços de tela de arame entre as duas caixas e coloque tudo na pia. Encha dois terços do liquidificador com água morna. Ponha dez tiras de jornal no liquidificador, e bata na velocidade mais lenta.

Coloque o conteúdo do liquidificador sobre a tela em cima da pia. A água vai escorrer pela pia, deixando uma polpa sobre a tela. Quando a água escorrer bem, tire o recipiente de cima, o que dará acesso à tela de cima e à polpa.

Levante a tela de cima e a polpa cuidadosamente e deixe sobre a mesa. Assim a segunda tela vai ficar exposta. Coloque-a sobre a polpa. Cubra com o saco plástico e amasse com o pau de macarrão. Tire o saco plástico. Deixe as telas. Coloque o pano de prato sobre a polpa e ponha um objeto pesado em cima.

Deixe um, dois ou três dias, até secar bem. Quando secar, terão papel reciclado criado por vocês!

materiais necessários

ÁGUA, DEZ TIRAS DE JORNAL DE 2,5 CM DE LARGURA (PAPEL DE JORNAL, NÃO DE REVISTAS OU DE FOLHETOS DE OUTRO TIPO DE PAPEL), TELA DE ARAME OU PENEIRA GRANDE, LIQUIDIFICADOR, PANO DE PRATO GROSSO, DOIS RECIPIENTES RETANGULARES DE PLÁSTICO IDÊNTICOS, COM PELO MENOS 10 X 12 CM, TESOURA OU FACA, SACO PLÁSTICO, PAU DE MACARRÃO E UM OBJETO PESADO E GRANDE QUE NÃO SEJA DANIFICADO PELA ÁGUA (TALVEZ UMA FRIGIDEIRA GRANDE OU UM TIJOLO)

25

Histórias malucas

ESTA BRINCADEIRA PODE SER FEITA com dois, três ou seis jogadores (com pequenas mudanças nas regras). Vou dar as regras para o jogo de duas pessoas, supondo que os jogadores são apenas você e a sua filha.

materiais necessários

UM PEDAÇO GRANDE DE PAPEL (PELO MENOS 21 X 28 CM) E CANETA OU LÁPIS, DE PREFERÊNCIA UM PARA CADA JOGADOR

Vocês duas vão escrever o que será uma história curta e provavelmente engraçada. Nenhum jogador sabe o que o outro escreveu até o jogo acabar, em seis rodadas.

Vamos dizer que você começou. Em cima da folha de papel, escreva o nome de qualquer mulher - real ou fictícia, viva ou morta, adulta ou criança, ou mesmo um animal fictício com características humanas, como a Margarida (do Pato Donald). No entanto, deve ser um nome que as duas jogadoras conheçam: pode ser a Júlia, a professora de música com óculos gigantes; pode ser a Minnie (do

Mickey); pode ser a Barbie, ou a Marília, a melhor amiga da sua filha, ou a vovó, ou até mesmo a sua própria filha. Escreva o nome em letras pequenas, no topo da página, a seguir dobre esse pedaço da folha para que sua filha não possa ver o nome escrito e entregue para ela.

Com cuidado, mantendo o papel dobrado e sem ter a mínima ideia de que nome foi escrito, sua filha escreve "encontrou" e o nome de um homem - novamente real ou fictício, vivo ou morto, adulto ou criança, pessoa ou animal antropomórfico - desde que seja um nome conhecido pelas duas jogadoras. Então ela dobra o papel de novo e entrega para você.

Você escreve "em" ou "no/na" seguido por um lugar: "na escola de dança", "em Saturno", "em um estúdio de filmagem em Hollywood", "na banheira" - algum lugar familiar a vocês duas. A seguir você dobra o papel mais uma vez e devolve para sua filha.

Agora, lembre-se, ela conhece apenas a identidade do homem envolvido, não a da mulher. É responsabilidade dela escrever agora "Ela disse" seguida de uma frase: "Você fez a sua lição de casa?", "Quer dançar?", "Eu odeio couve", "Paz na Terra", "Abracadabra", "A que horas é a festa?", "Miau". Então ela dobra o papel de novo.

Devolve a você. Você escreve, "Ele disse", seguido de uma frase ou pergunta, novamente sem saber quem é "ele":

"Eu disse não!", "Qual foi a pergunta?", "Case-se comigo! Case-se comigo!", "Belo dia para jogar tênis", "Eu vou contar para a sua mãe", "Ai! Fui mordido por uma abelha". Então o papel é dobrado pela última vez e é passado.

E é a vez da sua filha novamente, que escreve "Então eles" seguido por uma ação: "se divorciaram", "jantaram", "tiveram dezessete filhos", "cavaram minhocas para usar como isca", "marcaram sete gols no primeiro tempo", "apagaram o fogo", "participaram do *Big Brother*".

O papel é passado para você pela última vez - não para escrever, desta vez, mas para ser lido. Desdobre o papel e leia em voz alta a história que foi construída por vocês duas, colaboradoras desinformadas. Os resultados são no mínimo imprevisíveis, no máximo hilários.

Da próxima vez, deixe sua filha começar o jogo, para que vocês duas tenham a chance de inventar cada parte da "história".

26

Cultive um jardim de ervas

Cozinhar é muito mais divertido quando você mesma cultivou algum ingrediente. Esta atividade começa com uma visita à loja de jardinagem local. (Inclua sua filha nesse passeio, assim como nos cuidados com as plantas depois.) Ao chegar lá, pergunte quais ervas e/ou legumes crescem com facilidade em um canteiro e compre tudo o que precisar (veja a lista de materiais), a não ser que você já tenha alguns dos itens necessários em casa. Se não tem conhecimento de jardinagem, pegue as instruções.

materiais necessários

PEQUENAS JARDINEIRAS, TERRA E SEMENTES OU MUDAS E POSSIVELMENTE FERTILIZANTE

Agora é só voltar para casa para plantar as sementes ou mudas, regá-las e cuidar delas todos os dias (ou com a frequência recomendada pelos especialistas). Tudo o que fizer - podar, transplantar, adubar - para cuidar de suas ervas/legumes, faça junto com a sua filha.

Convide-a para ser a responsável por colher o endro, o orégano, a sálvia ou qualquer erva que precisar para o jantar da noite. E se plantou legumes, é possível que ela dê até uma ou duas mordidas naqueles que ela costumava odiar. Engraçado, como as coisas têm um sabor melhor quando é a gente mesmo quem as cultiva!

27

Corrida de pernas cruzadas

NESTA CORRIDA ORIGINAL, de pernas cruzadas, você e sua filha devem correr com uma perna cruzada na frente da outra. Quem descruzar as pernas em qualquer ponto, perde a corrida e o outro jogador ganha automaticamente. Não é fácil! Mas será mais fácil para a sua filha do que para você.

Escolha uma área em que vocês duas possam correr lado a lado e cobrir uma distância de

materiais necessários

NENHUM

pelo menos três metros, de preferência. Marque os pontos de partida e de chegada com giz na calçada, na rua ou no chão de concreto, estique dois pedaços de barbante no piso de carpete ou de lajota dentro de casa. Ao alcançar o ponto de chegada, a jogadora se vira - *ainda de pernas cruzadas* - e corre de volta para o ponto de partida. É o primeiro jogador que voltar ao ponto de partida sem descruzar as pernas nenhuma vez que ganha a corrida.

Preparar, apontar, já!

28

A bandeira da família

TRABALHANDO JUNTAS, criem uma bandeira para a família. Ela não deve refletir apenas o gosto de vocês, mas também algo que diga respeito à família. Vocês podem fazer quatro estrelas para os quatro membros da família, ou um círculo, porque os interesses da família são comuns, ou um pinheiro, porque a casa é cercada de pinheiros, ou uma estrela-

-do-mar porque vocês moram perto do mar, ou podem escrever o lema familiar nela, se houver algum.

materiais necessários

PAPEL GROSSO E CANETINHAS, (OPCIONAL) TECIDO E MÁQUINA DE COSTURA

Após concordarem com o projeto do desenho, desenhem dos dois lados de um pedaço de papel grosso, usando canetinhas.

Depois, se você quiser, você e/ou sua filha podem pegar alguns tecidos, usar a máquina de costura e criar uma bandeira de verdade com o mesmo desenho.

Hasteiem a bandeira da sua família com orgulho.

29

Corrida do pato

materiais necessários

NENHUM

Com certeza você se lembra de ter andado como um pato quando era criança. Fique de cócoras, segure os tornozelos e ande bamboleando. Fácil naquela época. Não tão fácil agora. E é por isso que esta é outra corrida que sua filha tem grandes chances de vencer.

Tudo o que eu disse sobre preparar o terreno para a Corrida de Pernas Cruzadas (página 54) se aplica a esta corrida: onde correr, como marcar o ponto de partida e de chegada, mas esqueça o cimento áspero, já que as duas participantes (e mais provavelmente você!) podem muito bem se desequilibrar e cair.

Vocês podem escolher entre correr/bambolear até a linha de chegada e voltar para a partida ou terminar a corrida na linha de chegada.

Que vença o melhor pato!

Variação: Corrida do pato com as mãos cruzadas. Em

vez de segurar o tornozelo esquerdo com a mão esquerda e o tornozelo direito com a mão direita, cada jogador segura o tornozelo esquerdo com a mão direita e o tornozelo direito com a mão esquerda. Isso deixa a movimentação muito mais difícil e vagarosa. Também faz com que assistir à corrida seja muito mais divertido que participar dela.

30

Plástico de leite

VOCÊ E SUA FILHA vão "cozinhar" um pouco de plástico elástico fantástico... e é ainda mais fantástico porque ele é feito de *leite*! Se tudo já está preparado para seu próximo experimento divertido na cozinha, veja como fazer para criar o plástico de leite:

Despeje o leite na panela e aqueça em fogo médio-alto até formar caroços. Agora segure a panela sobre a pia e, devagar e com cuidado, despeje o líquido na pia de modo que a parte encaroçada permaneça na panela. Use a colher para tirar os caroços da panela e coloque-os no pote. Agora adicione vinagre no jarro e deixe assentar por cerca de uma hora. Nesse ponto, o pote terá em seu interior uma bola emborrachada e um pouco de líquido. Despeje o líquido na pia e retire a bola emborrachada.

materiais necessários

UM LITRO DE LEITE, UMA COLHER (CHÁ) DE VINAGRE, UMA PANELA PEQUENA, UM POTE LIMPO PEQUENO, UMA COLHER E UM PEDAÇO DE PAPEL-TOALHA DOBRADO

Modele a borracha na forma de uma bola e deixe no papel-toalha para secar pelo menos algumas horas. Você fez uma bola de borracha para sua filha brincar (ela rola ou pode ser arremessada - mas não pula). Ela pode também pintá-la com tinta acrílica e colocá-la para decorar o guarda-roupa, o criado-mudo ou a escrivaninha.

31

Caça ao tesouro

HÁ DOIS MODOS DE CONDUZIR UMA CAÇA ao tesouro... ou vocês podem misturar os dois.

- Desenhe um mapa simples que sua filha possa seguir, mas não tão simples a ponto de ela dar uma olhada e ir direto ao tesouro.
- Se ela tem idade suficiente para ler razoavelmente bem, você pode deixar uma série de bilhetes, cada um levando ao local da próxima pista até que a pista final leve à localização do tesouro.
- Você pode dar a ela um mapa que leve até o local da primeira pista, e a partir daí ela segue de uma pista para outra... até finalmente chegar ao tesouro.

materiais necessários

UM "TESOURO" PARA ESCONDER, UM MAPA QUE VOCÊ DESENHOU E/OU PEDAÇOS DE PAPEL COM PISTAS

As pistas devem ser um pouco enigmáticas. Não seja tão direta dizendo "procure embaixo da árvore no quintal".

Mas também não seja tão enigmática a ponto de confundi--la e deixá-la frustrada e que a brincadeira deixe de ser divertida.

Se você quer guiá-la até a base da árvore e há um balanço nela, sua pista pode ser: "Balance para trás, balance para a frente e olhe direto para baixo."

O número de pistas que ela terá que achar depende de:

- Quantos anos (e quanta paciência) ela tem, e qual é a habilidade dela na leitura.
- Quantos bons esconderijos há na sua casa.
- Quanto tempo você quer que o jogo dure.

E o tesouro? Pode ser o doce predileto dela, um bilhete que diz "Vale um sorvete", um brinquedo pequeno e barato, alguma bijuteria ou dinheiro para o cofrinho da sua filha.

32

O que está faltando?

Teste o poder de observação de sua filha com esse jogo divertido, baseado no livro *O Jogo de Kim*, de Rudyard Kipling. Prepare o jogo com antecedência colocando dez objetos pequenos em uma bandeja ou uma superfície plana e grande que possa ser levada para dentro e fora do cômodo. Os objetos podem ser uma moeda, um dedal, um alfinete, uma caneta, uma lixa de unha, uma colher, um prego, um botão, um clipe de papel, um elástico... ou qualquer conjunto de dez objetos que você tenha em casa e que sejam razoavelmente familiares à sua filha. (Não escolha nada que ela não possa reconhecer imediatamente ou de que não saiba o nome.)

> **materiais necessários**
>
> BANDEJA, TRAVESSA OU ALGO SEMELHANTE E DEZ OBJETOS PEQUENOS VARIADOS

Dê a ela um minuto ou mais para estudar os objetos na bandeja, a seguir leve a bandeja da sala (fora da vista da sua filha) e tire qualquer um dos objetos. Agora volte à sala com a bandeja, mostre para ela e pergunte o que está faltando.

Se sua filha for muito pequena, você pode preferir colocar apenas cinco objetos na bandeja no começo, retirando um e deixando só quatro.

Se sua filha for mais velha, você pode deixar o desafio mais difícil usando mais de dez coisas e/ou escolhendo objetos parecidos: três moedas de valores diferentes, uma agulha e um alfinete, botões de três cores diferentes. Outra maneira de tornar o jogo mais estimulante para uma menina mais velha é mudar a ordem dos nove objetos restantes assim que tirar um deles.

Além de retirar um objeto, você também pode adicionar um outro de modo que ainda terá dez itens, mas apenas nove dos originais. Sua filha precisará dizer qual é o objeto que está faltando e qual foi adicionado.

Este é um ótimo jogo para festas de aniversário!

✿

33

Falso vitral

AMASSE PAPEL-ALUMÍNIO de modo que ele fique todo marcado e depois cubra o papel-cartão com ele, usando fita adesiva para prender. Prenda o plástico em uma mesa ou escrivaninha com fita adesiva. Usando a caneta preta, faça o contorno do desenho que quiser no plástico; a seguir pinte com as canetas coloridas. Quando o desenho estiver completo, pegue o plástico e prenda-o cuidadosamente sobre o papel-alumínio.

Alguns desenhos ficam especialmente bons desse jeito - por exemplo, desenhos coloridos de Natal, flores com cores vivas e folhas e frutos de outono.

materiais necessários

PEDAÇO PEQUENO DE PAPEL-CARTÃO LEVE (COMO A PARTE DE TRÁS DA CAPA DE UM CADERNO), UM PEDAÇO DE PAPEL-ALUMÍNIO ALGUNS CENTÍMETROS MAIOR QUE O PAPEL-CARTÃO, UM PLÁSTICO UM POUCO MAIOR QUE O PAPEL-ALUMÍNIO, FITA ADESIVA, CANETINHAS COLORIDAS E CANETINHA PRETA

34

Reciclagem de giz de cera

SUA FILHA PRECISARÁ de sua ajuda nesta atividade, já que é preciso mexer no forno. Você vai derreter pedaços de giz de cera velhos e misturá-los com outros pedaços criando um giz novo, maior e com novos tons e cores.

Veja como proceder: preaqueça o forno a 200°C. Enquanto o forno esquenta, tire o papel que envolve os gizes de cera. Depois separe todos os pedaços em famílias de cores. Um bom modo de agrupá-los é:

- Azuis e roxos
- Verdes
- Vermelhos e rosa
- Amarelos e laranja
- Tons terrosos e outros neutros

materiais necessários

PEDAÇOS DE GIZ DE CERA VELHOS, UM GIZ DE CERA INTEIRO, ASSADEIRA, PAPEL-ALUMÍNIO E LUVAS DE FORNO

Conte o número de grupos (famílias de cores) que tiver. (Eu listei cinco, mas talvez não haja giz de cera suficiente para cinco famílias de cores; você pode, por exemplo, ter azuis e roxos, vermelhos e rosa e tons terrosos e outros neutros, mas não ter pedaços amarelos ou laranja ou verdes.)

Agora crie um "molde" para cada grupo que tiver. Para isso, primeiro dobre uma camada dupla de papel-alumínio, do comprimento aproximado ao de um giz novo inteiro, envolva o giz, até um pouco mais da metade da sua circunferência. É preciso papel dobrado do tamanho suficiente para embrulhar parte do giz - um pouco mais da metade da sua circunferência. Agora tire o giz. Você acabou de fazer a fôrma. Faça isso para cada família de cores que tiver. (Se você tiver apenas tons de vermelho e tons de azul - duas famílias de cores - serão precisos dois moldes. Se também tiver amarelos e laranja, precisará de três fôrmas. Para tons de marrom, você precisará de outro molde. E assim por diante). A seguir, ponha todos os pedaços de giz de cada família em uma fôrma. Pode-se colocar um ao lado do outro no molde semicilíndrico, até usar todos os gizes daquela família ou encher a fôrma. (Se tiver muitos pedaços, ou pedaços muito grandes, separe-os em duas fôrmas. Talvez não caibam em apenas uma.)

Dobre as laterais da fôrma depois de enchê-la com os pedaços, para que quando os pedaços de giz derreterem, eles não escorram dos moldes. Forre uma assadeira com papel-alumínio e coloque as fôrmas nela. (Agora você está protegida contra qualquer vazamento.)

Coloque no forno preaquecido. Depois de dez minutos, espie para ver se todos estão bem derretidos; se estiverem, tire da assadeira. Deixe esfriarem e solidificarem por cerca de meia hora antes de tirá-los das fôrmas. Eles não ficarão perfeitamente redondos e macios, mas terão cores muito interessantes.

Lembrete: você também pode misturar duas famílias de cores em uma mesma fôrma. A família azul e a vermelha resultarão em um giz roxo, por exemplo. Mas não misture mais que duas famílias de cores ou você acabará com uma cor muito pouco atraente como resultado.

✿

35

Bola perfumada

BOLAS PERFUMADAS são divertidas de fazer e bem perfumadas em qualquer época do ano. Como maçãs e laranjas são facilmente encontradas o ano todo em supermercados, não há razão para deixar essa atividade apenas para o fim do ano.

materiais necessários

MAÇÃS OU LARANJAS, CRAVOS-DA-ÍNDIA, REDE E BARBANTE

Enfie os cravos nas maçãs ou laranjas, com mais ou menos 5 mm de distância uns dos outros, depois embrulhe cada fruta separadamente na rede. Junte a rede e prenda no topo com barbante, com uma laçada para pendurar. Agora você pode pendurar sua bola perfumada no guarda-roupa ou em uma área aberta de algum cômodo para dar a ele um aroma fresco adocicado ou ácido.

36

Móbiles

Vocês podem fazer um móbile juntas (recomendado se sua filha é mais nova) ou cada uma pode trabalhar em seu próprio móbile. Aqui estão as instruções:

materiais necessários

FIO DE NÁILON, SUPORTES COMO VARETAS E/OU CABIDES, TESOURA, COLA, PAPEL-CARTÃO, REVISTAS E/OU FOTOS; GIZ DE CERA OU CANETINHAS (OPCIONAL)

Primeiro, recorte pessoas ou animais de algumas fotos ou procure figuras de revistas interessantes e coloridas, recorte os contornos com cuidado e cole uma de cada lado do papel-cartão. (Outra alternativa é recortar o papel-cartão com formas: estrelas, círculos, árvores, casas, cachorros, luas ou pessoas e pintar dos dois lados.)

Um móbile muito simples pode consistir meramente de um cabide com um fio de náilon pendurado de cada lado e uma figura recortada em papel-cartão pendurada em cada fio. Móbiles de vários níveis são mais difíceis de fazer, mas são mais divertidos. Você pode pendurar um cabide de arame ou varetas em cada ponta de outro cabide ou de uma vareta maior, com uma figura de papel pendurada em cada lado do cabide. O número de camadas que você construir vai depender da sua paciência e da sua habilidade em equilibrar objetos sem fazer o móbile pender.

Pendure os móbiles em ganchos para plantas no teto ou em qualquer outro ponto da casa que pareça adequado.

37

Adivinhe quem eu sou?

Este é um jogo de adivinhação um pouco competitivo. Em cada rodada pode haver um vencedor, mas também pode não haver nenhum ganhador. A primeira pessoa a jogar - vamos dizer que seja você, mamãe - pensa em uma pessoa que o outro jogador também possa identificar. Essa pessoa pode ser real ou fictícia, viva ou morta, homem

materiais necessários

NENHUM

ou mulher, e alguns permitem animais no jogo além de pessoas, então o Pernalonga, o Ursinho Pooh e o cão da família podem ser escolhidos. (Decida com antecedência se os animais serão permitidos ou não). Em outras palavras, você pode escolher Napoleão Bonaparte, a vovó, a Mulher Maravilha, o Elmo da Vila Sésamo ou a vizinha.

Agora sua filha pode fazer até vinte perguntas para descobrir quem é a pessoa. Você só pode responder sim ou não. Perguntas boas para o começo são: "Você é uma pessoa de verdade?", "Você está vivo agora?", "Você é do sexo feminino?", "Você é um animal?" (Óbvio que se a resposta for "Não" para "Você é uma pessoa de verdade?" você não vai perguntar "Você está vivo agora?")

Algumas das perguntas seguintes podem ser: "Eu já falei com você?", "Você mora por aqui?", "Você esteve no meu aniversário?", "Você é famoso?"

Se a sua filha conseguir acertar quem você é, em vinte perguntas, ela ganha. Ganhando ou não, é a vez dela escolher alguém, e é a sua vez de adivinhar "quem ela é". Vocês podem decidir com antecedência se vão jogar certo número de rodadas e contar o número de vezes que cada uma ganhou para escolher a grande vencedora do jogo, ou vocês podem jogar por jogar, sem contar os acertos.

38

Paraíso do piquenique

PODE SER QUE A SUA FAMÍLIA goste de churrascos no quintal quando o tempo está bom, mas quando foi a última vez que vocês fizeram um piquenique? Esta será uma atividade entre mãe e filha: apenas vocês duas.

Planeje um cardápio que sua filha possa ajudar a preparar. Façam sanduíches simples de presunto e queijo ou geleia, ou algo mais elaborado.

materiais necessários

ALMOÇO FEITO EM CASA, GUARDANAPOS E OS UTENSÍLIOS NECESSÁRIOS, ALÉM DE UMA ATIVIDADE GOSTOSA PARA CURTIR ENQUANTO ESTÃO FORA

Escolha comidas que:

- ela possa ajudar a preparar;
- vocês duas gostem;
- sejam fáceis de transportar sem estragar, não fiquem "murchas" ou que não sofram com o transporte.

Pense também em uma atividade - algo que possam fazer juntas no local do piquenique. Podem ser bambolês (página 106), uma bola, seu material de tricô (página 124), duas revistas de palavras cruzadas (uma para cada) ou qualquer outro brinquedo, jogo ou atividade que seja de fácil transporte e adequado ao entretenimento ao ar livre.

Onde vocês farão o piquenique? Pode ser em um parque público próximo ou um mais distante que vocês não conheçam (ou pelo menos não visitam com frequência), o zoológico local (se piqueniques forem permitidos e se houver uma área própria para isso) ou mesmo seu próprio quintal. Ou escolha outro lugar.

Depois que vocês prepararam o lanche juntas e andaram, dirigiram ou foram de bicicleta até o local escolhido, comam, brinquem e tenham um pouco de conversa de mãe para filha com o coração aberto. Essa é uma boa ocasião para dizer à sua filha o quanto você se orgulha dela, ou quais são as três melhores qualidades dela, ou algum outro reforço positivo. E se ela tiver alguma preocupação séria, incentive-a a falar a respeito, enquanto você ouve e responde com atenção.

Você pode tornar esses piqueniques um acontecimento frequente (pelo menos quando o tempo estiver bom) ou uma ocasião especial.

39

Bolhas de sabão

AJUDE SUA FILHA A FAZER seu próprio líquido para soprar bolhas de sabão. Veja como:

materiais necessários

½ COPO DE DETERGENTE, 2 ½ LITROS DE ÁGUA, DUAS COLHERES (SOPA) DE GLICERINA (COMPRE NA FARMÁCIA), UMA TIGELA, UM COPO DE MEDIDAS, UMA COLHER OU OUTRO OBJETO PARA MISTURAR E (ESSES PRÓXIMOS OBJETOS SÃO OPCIONAIS) ARMAÇÕES DE ÓCULOS SEM LENTES E/OU CLIPES DE PAPEL E/OU CABIDE DE ARAME E/OU ARO DE BOLHAS DE SABÃO COMERCIALIZADO

Ponha o detergente, a água e a glicerina na tigela e misture bem. Pronto! Agora você tem sua própria solução para bolhas de sabão - em grande quantidade - e sua filha pode dizer com orgulho: "Fomos nós que fizemos!"

Para soprar as bolhas, ela pode usar um aro que já vem com a garrafinha de líquido industrializado para bolhas, que você tenha comprado, ou um dos lados da armação de óculos velhos sem as lentes. Você também pode criar um aro com clipes de papel ou o arame de um cabide, ou ainda, você pode unir as pontas de seu indicador e do polegar, formando um círculo (um sinal de "OK") com os dedos, mergulhar esse círculo inteiro na mistura de bolhas e soprar com calma ou balançá-lo no ar cuidadosamente.

Se sobrar um pouco da solução de bolhas (improvável, mas possível), jogue fora (pode ser na pia) para que crianças pequenas ou animais de estimação não fiquem tentados a bebê-la. Ou se sobrou uma boa quantidade, guarde em um recipiente bem fechado, fora do alcance de mãozinhas, como faria com qualquer líquido para bolhas comprado.

40

Calzones de mentirinha

ESTES CALZONES NÃO SÃO LEGÍTIMOS, mas são saborosos e fáceis de fazer e você e sua filha podem prepará-los juntas e depois comê-los.

Preaqueça o forno a 350°C. Corte os pães ao meio, tire a maior parte do miolo e recheie as metades com os frios (e o orégano e/ou alho em pó opcional). Embrulhe bem cada pão em papel-alumínio (para prevenir o escorrimento de queijo) e coloque na assadeira. Leve a assadeira ao forno por cerca de dez minutos. Após esse tempo, tire-a, abra o embrulho de papel-alumínio de um dos calzones para ver se o queijo está derretido. Se estiver, desligue o forno e sirva. Se não, embrulhe o calzone de novo e devolva a assadeira ao forno por mais cinco ou dez minutos.

materiais necessários

UM PÃO GRANDE PARA CADA UMA, *PEPPERONI* E/OU SALAME ITALIANO (OU LEGUMES SALTEADOS), MOZARELA E/OU PROVOLONE, PAPEL-ALUMÍNIO, ASSADEIRA E (OPCIONAL) ORÉGANO E/OU ALHO EM PÓ

Quando os calzones estiverem prontos, bom apetite!

41

Contando histórias... sobre a sua filha

Quem não gosta de ser “uma estrela”? E isso é ainda mais verdadeiro quando se trata de crianças, que, a não ser que sejam excepcionalmente tímidas, gostam de ficar sob os holofotes. Mesmo que sua filha não seja uma atriz, não goste de teatro de fantoches, não goste de cantar e não saiba nada de balé ou de outras formas de dança, ela ainda pode ser uma estrela... em uma história, e isso pode ajudar a aumentar a sua autoestima.

materiais necessários

NENHUM

Você pode começar contando a primeira história. Não estou falando de histórias verdadeiras do estilo “quando-você-era-muito-pequena” (essas são boas também - mas elas não servem para esta atividade), estou falando de histórias fictícias, inventadas, nas quais sua filha é a heroína, e vive uma vida muito diferente da realidade. Dependendo dos interesses dela, ou de qual tipo de história você acha que vai entretê-la, você pode inventar uma história sobre a revelação de que ela é, na realidade, a herdeira perdida do trono de Millania, e dali por diante ela deve ser chamada de Princesa (o nome dela vem aqui), e sobre como ela viajou ao reino de Millania e teve uma recepção real e... bom, você inventa o resto.

Ou você pode inventar uma história sobre sua filha e seu bichinho de pelúcia predileto entrando na floresta e descobrindo um castelo, no qual vivia um ________. Ou sobre sua filha encontrando uma pilha *enorme* de dinheiro na calçada, sem dono, então ela fica com o dinheiro e o usa para comprar uma casa para todos os gatos e cães que não têm lar e ela se muda para a casa para tomar conta deles. Ou, falando em animais, uma história sobre ela descobrindo uma nova espécie de animal que ninguém conhecia antes. Ou...?

A seguir peça para *ela* criar uma história sobre si mesma. Ou várias.

42

O que você faria com...?

NA ATIVIDADE ANTERIOR, mencionei uma história sobre sua filha encontrando uma grande pilha de dinheiro. Isso me leva a sugerir outra atividade que vocês duas podem curtir juntas: uma atividade de pensar. Atividades de pensar são excelentes para manter uma criança elétrica ocupada em uma viagem de carro, na sala de espera do médico ou em outras situações "de espera". Elas também são boas para passar um tempo agradável enquanto vocês fazem as tarefas juntas, desde que a tarefa seja fácil e não precise de concentração.

materiais necessários

NADA ALÉM DA IMAGINAÇÃO DE SUA FILHA

Para começar, você pode perguntar à sua filha: "Se você encontrasse um cheque de um milhão de reais na calçada, o que faria com ele?"

Outras possibilidades são: "O que você faria com...?", por exemplo, "uma cartolina bem grande", "um veículo que pode andar nas ruas, na água e voar", "uma lhama de estimação" (para crianças que sabem o que é uma lhama) ou "uma girafa de estimação", "seu próprio avião particular", "uma máquina que pode mudar o clima de uma hora para outra ao toque de um botão" ou "uma torre que alcança o céu".

É claro, há muitas outras perguntas criativas que você também pode fazer, como "Se pudesse inventar qualquer coisa, o que seria?" ou "Se pudesse viver em qualquer tipo de casa que quisesse - qualquer tipo mesmo - conte-me como seria".

43

Salão de beleza

LAVAR O CABELO DA SUA FILHA pode ser visto como uma tarefa, mas brincar de salão de beleza? *Ahhh, é bem divertido.* E se a sua filha puder lhe dar um trato, vai ser ainda mais divertido. Bem, essa é a ideia por trás de Salão de Beleza: cada uma de vocês trabalha na outra - as duas no mesmo dia ou você pode cuidar da sua filha num dia, e ela vai cuidar de você em outro dia.

Vocês podem fazer penteados, pintar e/ou cortar as unhas das mãos ou as unhas dos pés... ou tudo isso. Deixe-a lavar o seu cabelo e penteá-lo como quiser. (A não ser que você tenha um estilo de cabelo especialmente difícil de lidar, você sempre pode arrumá-lo antes de ser vista em público.) Não estou sugerindo que você a deixe livre com uma tesoura, mas, como a maioria das mulheres, sua filha não pode provocar muito estrago com um pente e possivelmente um secador. E, é claro, você pode penteá-la também.

Mas não se mexe apenas no cabelo em um salão. Vocês podem brincar de fazer manicure e pedicure simples também. Simples? Bem, sim. Não estou sugerindo que cada uma tire as cutículas da outra, mas podem pintar as unhas das mãos e/ou dos pés - e você pode cortar as unhas da sua filha, mesmo que ela seja nova demais para cortar as suas.

materiais necessários

QUALQUER UM DOS SEGUINTES OBJETOS: UM PENTE, XAMPU E CONDICIONADOR, UM SECADOR, GRAMPOS, ESMALTE (NO MÍNIMO UMA COR E DE PREFERÊNCIA MUITAS), UM CORTADOR DE UNHAS, ALGODÃO, REMOVEDOR DE ESMALTE

Se quiser, experimente uma cor de esmalte bem ousada. Alterne unhas coral com laranja (unhas das mãos ou pés, suas ou delas!) ou pinte-as de rosa com uma listra lilás no centro. Se achar que o resultado é bizarro demais para ser mostrado em público, use o removedor de esmaltes e explique que vocês estavam apenas brincando, e assim que o jogo acabar, você precisa que suas unhas (ou as dela) voltem ao normal.

44

Lojinha faz de conta

Você pode já ter brincado de lojinha com a sua filha, mas você provavelmente fingiu pegar alguma mercadoria e fingiu pagar, certo? Desta vez você vai usar dinheiro de verdade... e ela vai começar a aprender o valor da cada moeda.

materiais necessários

MOEDAS DE VERDADE DE VALORES DIFERENTES

Como vocês não vão brincar com notas, esse jogo não ensinará a ela o valor real das coisas. Você pode comprar uma camiseta nova por 15 centavos ou uma caixa de leite por 25 centavos. Mas se você der a ela 25 centavos pela camiseta de 15 centavos, será que ela entenderá que deve 10 centavos de troco? Não espere que ela aprenda tudo sobre dinheiro, o valor de uma moeda em relação a outra e como calcular o troco em apenas uma sessão da brincadeira. Mas se vocês continuarem a brincar com dinheiro verdadeiro, aos poucos ela vai se familiarizando com os conceitos.

45

Invente a história

Para preparar este passatempo, recorte algumas figuras de revistas (inclusive de propagandas, se quiser). Se não tiver muitas revistas pela casa, use figuras de jornais ou mesmo de folhetos de propaganda.

As gravuras devem ser todas de pessoas, as mais variadas possíveis: homens, mulheres, meninos, meninas, executivos, balconistas, esportistas, pessoas sentadas à mesa de jantar, pessoas passeando com o cachorro... Estes são apenas alguns exemplos, para mostrar a diversidade necessária nas figuras recortadas. Agora coloque todas as figuras em um envelope grande.

materiais necessários

RECORTES VARIADOS DE REVISTAS, ENVELOPE GRANDE

Você ou a sua filha tiram uma figura do envelope aleatoriamente (sem espiar)! Agora peça para sua filha criar uma história sobre aquela pessoa. Se ela tiver dificuldade em começar a história, peça para ela falar um pouco sobre a pessoa na imagem primeiro.

Suponha que seja um homem de *shorts*, camisa e tênis. Você pode perguntar para sua filha o que ela pensa que o homem está fazendo: ele está indo para o trabalho? Onde ele pode trabalhar, vestido assim? Ou é mais provável que ele esteja envolvido em alguma atividade de lazer? O que será que ele está fazendo? (Esta atividade estimula a percepção e a habilidade para discernir coisas sobre as pessoas por meio de observação e chegar a conclusões.) Assim que a sua filha chegar a algumas conclusões sobre a pessoa e o que ela ou ele possa estar fazendo, peça novamente para ela contar uma história sobre a pessoa.

Embora não haja regras para esta atividade, a história deve ser relacionada de alguma forma à pessoa na foto, se houver algumas pistas visuais na figura. Uma foto de uma garota de biquíni não deve inspirar uma história sobre uma guerra de bolas de neve. Uma foto de uma mulher com um cachorro não precisa inspirar uma história sobre um cachorro, mas não deve ser sobre a mulher pilotando uma nave espacial até a Lua. Uma foto de um policial pode ser sobre a captura de um ladrão, prevenção de um crime ou o encontro de uma criança perdida, ou mesmo sobre o policial indo para casa ver sua família; não deve ser sobre um jogador profissional de futebol.

Em algum ponto não tão longe na narrativa, você tira outra figura do envelope e introduz outro personagem na história. Agora sua filha tem de integrar o segundo personagem na história do primeiro. Se a história ficar muito lenta... ou, pelo contrário, se sua filha estiver indo muito bem e você acha que ela está pronta para um desafio... introduza um terceiro personagem na história. E um quarto, se parecer adequado. Sua filha também tem a liberdade para pegar uma imagem no envelope em qualquer ponto em que ela decidir que um novo personagem é necessário.

Ela deve continuar a história até chegar a um fim lógico, ou até se cansar, ou até ter tantas viradas na trama e tantas confusões que é impossível chegar a um fim e a trama tem que ser abandonada. Ao mesmo tempo em que está se divertindo, a sua filha está estimulando a criatividade e a imaginação.

46

Princesa por uma hora

SE A SUA FILHA ADORA filmes e livros de princesas, ela provavelmente pulará de alegria com a chance de ser uma princesa por uma hora. A não ser que você seja uma rainha na vida real, ou que ela cresça e case com um príncipe, sua filha não é e nunca será uma princesa... mas é sempre divertido fazer de conta!

materiais necessários

NO MÍNIMO, UMA COROA DE PAPEL (OU OUTRO MATERIAL) E UMA CADEIRA ARRUMADA PARA PARECER UM TRONO. QUALQUER OUTRO ACESSÓRIO REAL AJUDA A AUMENTAR A ILUSÃO... E A DIVERSÃO

Então apenas por uma hora ela pode ser a Princesa Mariana/Paula/Bruna/qualquer que seja o nome dela. Você pode ser a dama de companhia ou a aia, a duquesa, ou Dama de Merveille ou qualquer papel que queira assumir. Pergunte-lhe que tipo de proclamações ela gostaria de fazer como princesa. Ela pode instituir a "Semana de Ser Gentil com os Animais", declarar que todo mundo deve comer sorvete de almoço nos fins-de-semana ("um *sundae* todos os domingos"), ordenar que todas as casas do reino tenham uma piscina interna ou determinar que todas as torneiras não despejem apenas água quente e fria, mas limonada também.

É claro que algumas dessas regras não vão poder ser cumpridas - você não vai deixar o almoço de domingo ser apenas um sorvete... mas ela não é mesmo uma princesa de verdade. Apesar disso, é sempre bom brincar de faz de conta!

47

Impressões digitais

O MODO MAIS LIMPO de fazer arte com impressões digitais é usando uma almofada de carimbo normal com tinta lavável. Se tiver almofadas de várias cores na sua papelaria, ótimo. (Ou você pode criar uma almofada de carimbo feita em casa dobrando uma toalha de papel várias vezes e molhando com guache.)

materiais necessários

ALMOFADA DE CARIMBO, PAPEL, LÁPIS E GIZ DE CERA OU CANETINHAS

Pratique primeiro em um pedaço de papel rascunho. Você e sua filha logo aprenderão que muita tinta, ou muita pressão, produz mais um borrão do que uma marca, manchando as curvas, espirais e linhas que formam a impressão digital. Quando vocês dominarem a técnica, está na hora de começar o seu projeto de arte.

A forma mais simples de fazer desenhos com impressão digital é usar um dedo ou o polegar como base. A impressão digital pode virar uma cabeça ou um rosto, o corpo de um cão ou gato, a fuselagem de um avião... qualquer coisa que o próprio desenho sugerir a você.

Você pode pôr duas ou várias impressões digitais no papel e transformá-las em uma pessoa andando com o cachorro, uma classe cheia de cabeças, uma família de cinco pessoas. Três impressões digitais uma em cima da outra podem virar um boneco de neve; na vertical, elas podem virar um cão bassê. Ou quatro dedos podem ser balões sustentados por uma impressão digital que virou uma pessoa.

48

"Vamos às compras"

ESTA É OUTRA BRINCADEIRA que não precisa de nenhum equipamento, pode ser feita em qualquer lugar e é ideal para viagens de carro, para passar o tempo enquanto estão esperando na fila do supermercado, ou quando estão fazendo as tarefas juntas... ou apenas como um jogo divertido. É para crianças que já sabem ler.

materiais necessários

NENHUM

Não importa quem inicia o jogo, mas vamos dizer que seja você. Você começa dizendo: "Eu vou fazer compras e vou comprar ________" e termina a sentença com um objeto que começa com A: abacaxi, talvez, ou mesmo avião... não precisa ser algo que se encontra em um supermercado. Sua filha continua com: "Eu vou fazer compras e vou comprar ________" e repete o seu objeto com A, adicionando uma coisa que comece com B. Ela pode dizer: "Vou comprar abacaxi e bananas." Agora é sua vez de novo, e você vai repetir os itens com A e B e adicionar um objeto com C: “Eu vou fazer compras e vou comprar abacaxi, bananas e carros.”

O primeiro jogador que errar, enganando-se com os objetos, dizendo um fora de ordem ou simplesmente não lembrando nada, está fora do jogo. O outro jogador ganha.

Não se preocupe se a sua filha não conseguir se lembrar de xilofone ou xícaras com X - é muito difícil que ela ou mesmo você sejam capazes de ir tão longe no jogo, mesmo tendo bastante tempo para tentar!

49

Casa do alfabeto

ESTA É UMA ATIVIDADE para garotas que conhece o alfabeto ou pode ser um ótimo modo de ensiná-lo à sua filha. Primeiro escreva todas as 26 letras do alfabeto, uma embaixo da outra. (Se você estiver usando papel pautado, cada letra deve ficar em uma linha.) Você mesma pode escrever as letras ou pedir à sua filha para fazê-lo.

materiais necessários

CANETA OU LÁPIS, E CADERNO OU PAPEL

Agora desafie sua filha a andar pela casa procurando objetos que comecem com cada uma das 26 letras, anotando cada palavra assim que ela encontrar o item correspondente. Você deve acompanhá-la e, se necessário, pode incentivá-la um pouco. ("Com que letra isso começa?" ou "O que é isso?" - tocando uma janela quando ela estiver desesperada achando que não há nada na casa que comece com "J".) O "Z" pode ser uma letra difícil se ela não tiver uma zebra de pelúcia, mas você pode ter uma foto em algum livro, e uma xícara pode ser o "X". "V" pode ser "vaso" e "U" poderia ser um urso de pelúcia. "Q" pode ser um quadro.

50

Colagem de fotos

APESAR DE ESTARMOS na era das fotos digitais, a maioria de nós ainda tem uma porção de fotos velhas (ou não tão velhas assim). E... vamos admitir... algumas fotos estão longe de serem perfeitas. Mas às vezes apenas uma parte da foto está ruim e você pode recortar as partes boas para usar nesta atividade.

Se você só tiver fotos digitais e elas estiverem armazenadas no computador, você pode imprimir cópias para usar na colagem.

materiais necessários

TESOURA, COLA, FOTOS VELHAS QUE NÃO SAÍRAM MUITO BOAS E/OU CÓPIAS IMPRESSAS DE FOTOS DIGITAIS, PAPELÃO E/OU PAPEL-CARTÃO (OPCIONAL)

Se a sua filha tiver idade suficiente para recortar cuidadosamente as pessoas nas fotos, ela pode se juntar a você recortando as fotos das pessoas da família; caso contrário, ela ainda pode ajudar em outras partes deste projeto. Recorte as imagens que você quer preservar: a cabeça e corpo (ou só o rosto) de qualquer um na foto que saiu bem e cuja imagem você queira usar.

Você pode, se preferir, misturar os rostos cortados ou rostos e corpos com recortes de papel de corações, letras do alfabeto (como a primeira letra do seu sobrenome, ou a primeira letra do nome de cada pessoa na imagem), ou formas abstratas. Você também pode recortar uma moldura de papelão. E talvez sua filha possa fazer esses recortes de papel se ainda não é capaz de cortar direito os contornos das imagens nas fotos.

Agora aplique cola na parte de trás dos recortes - tanto das fotos quanto dos recortes de papel - e arrume-os artisticamente, em um papelão ou em um pedaço grande de papel-cartão, formando uma colagem e com uma moldura de papelão, se você quiser. Deixe sua filha ajudar a decidir onde cada recorte deve ficar e a colocá-los na colagem.

51

Ilustradora júnior

Que criança não gosta de ouvir histórias? E, em geral, as crianças querem fazer parte do processo de leitura... às vezes, antes mesmo de saberem ler. Mas mesmo que sua filha não saiba ler, ela pode participar... fazendo as ilustrações para uma história.

materiais necessários

PAPEL E GIZ DE CERA

Primeiro, escolha uma história e leia para ela (ou conte uma que você saiba de cor). Pode ser uma história de um livro ilustrado, de um livro sem figuras, uma da qual você se lembre bem o suficiente para contar, uma história inventada por você, ou mesmo uma história interessante da família.

Agora peça para sua filha ilustrar a história. *Dica:* se a história é de um livro ilustrado, sugira que em vez de desenhar sua própria versão das ilustrações do livro, ela faça desenhos que ilustrem outras partes da história que as ilustrações originais do livro não mostram.

52

A árvore genealógica da família

Os laços de parentesco são difíceis de entender, especialmente em famílias grandes com muitas ramificações, ou nas famílias atuais, em que muitos membros da família são pessoas que sua filha nunca encontrou ou encontrou no máximo uma vez. Qual é o nosso parentesco com o primo Carlos? Se a tia Marta é na realidade tia-avó, por que é chamada apenas de "tia", se há tanto o tio Arthur quanto o primo Arthur (como havia na minha família quando eu era criança), se há duas primas Clara, se a tia Elaine é mais nova que a prima Estela, tudo isso pode ser um tanto confuso até mesmo para alguém de doze anos, imagine então para alguém de seis.

materiais necessários

PAPEL E CANETA, FOTOS DE MEMBROS DA FAMÍLIA (OPCIONAL)

No mínimo, sugiro que você desenhe uma árvore genealógica simples para sua filha. Caso você e seu marido não venham de famílias grandes, com vários irmãos e primos, desenhe uma árvore que mostre os dois lados da família, com os vários parentes de cada lado e chegando até os avós maternos e paternos, ou até os bisavôs.

Desenhe árvores genealógicas separadas para alguns dos graus de parentesco, se necessário. (Se o irmão do marido da irmã do papai, sua esposa e seus filhos sempre fazem parte das reuniões familiares e você quer incluí-los, é provável que não haja espaço na árvore principal.)

Se houver espaço e tiver as informações, você pode incluir as datas de nascimento, de casamento e de morte quando houver; se não quiser chegar a esse nível de detalhe, o principal é mostrar quem são os membros da família e como eles são aparentados. Assim que você explicar à sua filha como "ler" uma árvore genealógica, visualizar todas as ramificações no papel, deixará as relações familiares bem mais fáceis de entender.

Talvez seja preciso desenhar duas - ou mais - árvores genealógicas separadas se houver muitos irmãos e irmãs, muitos primos... ou vários casamentos que resultaram em meio-irmãos e madrastas/padrastos.

Para dar mais impacto à árvore, uma foto pequena de cada parente pode ser colada acima de seus nomes.

53

Cronologia familiar

Para esta atividade, você precisará de pelo menos um pedaço de papel bem comprido. Você pode juntar oito folhas de papel sulfite ou um outro papel mais grosso ou pode ir a alguma loja próxima que tiver papel de embrulho marrom em rolos (um açougueiro deve ter) e pedir uma tira longa... ou duas ou três. (Por que duas ou três? Porque você pode querer criar mais que uma cronologia e porque você pode errar na primeira vez e querer recomeçar em um pedaço de papel novo.)

materiais necessários

UM PEDAÇO COMPRIDO DE PAPEL E CANETA

Há muitas formas de começar esse projeto:

- Você pode desenhar uma linha do tempo incluindo apenas seu núcleo familiar.
- Você pode desenhar uma linha do tempo que registre várias gerações passadas.
- Talvez queira registrar apenas eventos.

- Se quiser, inclua eventos mundiais e nacionais.
- Você pode desenhar linhas do tempo paralelas, uma mostrando acontecimentos familiares e a outra com eventos que aconteceram no mundo ao nosso redor naquele tempo.

Vamos começar com a linha mais fácil - a da sua família próxima. Você pode usar um sistema de duas cores, embora não seja necessário. Desenhe linhas retas horizontais, marcando cada cinco anos com distâncias iguais. Comece a linha do lado esquerdo do papel, com uma marca vertical que representa o começo da década em que um evento, por exemplo, o seu casamento, aconteceu. Então, se você se casou em 1984, sua cronologia familiar deve começar em 1980, representado por um traço vertical. Marque.

Agora indique os anos de cinco em cinco e legende. Deixe bastante espaço à direita para mais anos. Faça tudo isso com só uma cor - por exemplo, preto.

Agora, em vermelho, marque uma linha vertical no lugar apropriado para cada evento de sua família. Uma linha em vermelho no ponto que marca 1984 seria legendada (também em vermelho): "1984. Mamãe e papai casaram." Outra linha, em seu ano apropriado, diria: "1996. Júlia nasceu." Outra linha, em 1998, diria: "1998. Marcos nasceu." Você pode querer uma linha dizendo: "2002. Júlia começou a escola." E assim por diante.

Uma cronologia mais abrangente - e compacta - pode voltar várias gerações e até mesmo um século. Mostraria eventos como "1880. Tataravó Maria chegou da Alemanha", "1901. Bisavô Luís nasceu", "1958. Bisavô Pedro morreu", "1959. Vovó e vovô se casaram", "1960. Papai nasceu" entre outras anotações. Neste caso, é melhor falar sobre ancestrais diretos - pais, avós, bisavós e um pouco além, se desejar, e omitir tias-avós, primos e parentes mais distantes.

Na mesma cronologia, de preferência em outra cor, ou em uma linha paralela imediatamente embaixo, você pode mostrar os eventos mundiais importantes:

- "Fim da Primeira Guerra Mundial."
- "Início da Grande Depressão."
- "Início da Segunda Guerra Mundial."
- "John Kennedy é assassinado."

E assim por diante. As marcas de tempo e o número de eventos vão depender de você.

A escolha de outros acontecimentos familiares que você vai incluir além de imigrações, nascimentos, mortes e casamentos fica igualmente a seu encargo. Vai depender em parte do tamanho da sua família, de a partir de quando você iniciou a cronologia e de quantos eventos aconteceram. Se algum membro da família recebeu alguma honra significativa ou realizou um grande feito, pense em incluí-lo:

- "Produção da peça do vovô Chico."
- "A foto do papai apareceu na revista."
- "A família foi para a Disney World."

A inclusão da última frase é muito apropriada se a viagem foi um grande evento na vida das crianças, uma viagem única.

A cronologia da família vai ajudar sua filha (ou outro filho que você tiver) a entender melhor a história da família e a ter uma melhor compreensão de como um evento se relaciona a outro, no tempo. A inclusão de eventos de importância mundial relacionados no tempo com os eventos da família vai ajudar sua filha a entender melhor a história recente. E como ela vai ajudar você a desenhar a cronologia, certamente os fatos e datas ficarão marcados em sua memória.

❀

54

Vamos encarar?

TUDO QUE É PRECISO nesse passatempo simples e ingênuo é que você e sua filha olhem bem nos olhos uma da outra e tentem não piscar... rir, sorrir, falar ou fazer qualquer movimento. Quem fizer alguma dessas coisas primeiro está fora do jogo e a outra é a vencedora. Bobo? Sim. Simples? Também. E divertido para a sua filha? Sem dúvida!

materiais necessários

NENHUM

Uma variação deste jogo é "Não Ria": em que cada uma de vocês tenta fazer a outra rir - uma por vez - fazendo caretas ou contando piadas. A primeira que fizer a outra rir é a vencedora.

55

Por uma boa causa

Nós já falamos sobre andar por uma causa (Passeio Divertido, página 42), mas há outras maneiras de você e sua filha trabalharem juntas para ajudar uma causa que seja importante para ela.

materiais necessários

DEPENDENDO DA ESCOLHA DE SUA FILHA, UM COMPUTADOR, UMA IMPRESSORA, PAPEL E/OU TELEFONE, E/OU MATERIAL DE ARTES

Muitas crianças hoje, assim que têm idade suficiente para entender os trabalhos voluntários e/ou organizações socialmente ativas, ficam interessadas em algumas causas dessas organizações. As mais populares parecem ser as relacionadas ao meio ambiente e aos direitos dos animais, mas crianças com um parente próximo que tem ou teve alguma doença, às vezes, são atraídas para organizações que ajudem quem tem essa doença ou problema.

Se a sua filha começou a admirar o trabalho do Greenpeace, de uma ONG local preocupada em alimentar moradores de rua, ou de qualquer outra organização, ou se ela se apaixonou por qualquer causa, sugira que ela - com a sua ajuda - faça algo significativo para ajudar o trabalho dessa organização.

O que é "algo significativo" dependerá do grupo, de suas necessidades atuais e de quais são os talentos e habilidades de sua filha. Aqui estão algumas possibilidades:

- Colete dinheiro (de vizinhos e/ou de colegas da escola) para a organização.
- Organize uma campanha de envio de cartas em apoio a um projeto do grupo.
- Faça circular uma petição.
- Faça trabalho voluntário no escritório da organização se houver algum escritório local.

Ter você como voluntária para trabalhar ao lado dela por uma causa que é importante para ela será muito significativo para sua filha.

56

Vitamina incrementada

VITAMINAS SÃO POPULARES, fáceis de fazer, saborosas e uma boa maneira de as crianças comerem frutas. Também são divertidas de fazer... e de criar (isto é, é fácil inventar uma receita original). Há vitaminas de frutas (as mais populares), de legumes, ou até de chocolate... além de outras.

materiais necessários

LIQUIDIFICADOR E INGREDIENTES DA VITAMINA (A SEREM ESCOLHIDOS POR VOCÊS)

Por que seguir a receita de alguém quando é muito mais legal inventar a sua própria receita?

Decidam se vão fazer uma vitamina de frutas, legumes ou de outro tipo (por exemplo: mel, chocolate, açúcar mascavo). Selecionem os ingredientes que querem usar e decidam a quantidade. Anotem os ingredientes e a quantidade a ser testada de cada um. Coloquem a quantidade desejada de cada um no liquidificador... e é só apertar o botão. Quando a vitamina estiver bem cremosa, sirva um pouco e provem.

Se estiver deliciosa, ótimo! Bebam, enquanto escolhem um nome para sua receita.

Por outro lado, pode muito bem acontecer de vocês acharem que é preciso mais manga, ou um pouco de suco de laranja para dar acidez ou algumas colheres de mel para aumentar a doçura. Adicionem o que for preciso, anotem no papel da receita original, ligue o liquidificador novamente... e é hora de experimentar a mistura de novo.

Nem toda receita ficará boa. É por isso que este método é chamado de "tentativa e erro". Sempre há erros. Mas também há as imbatíveis. Descarte as receitas que não saíram boas por mais que vocês adicionassem coisas para melhorá-las, e mantenha as que se provaram deliciosas e satisfatórias. São suas próprias criações! Vocês duas inventaram, deram os nomes... e podem se orgulhar disso.

57

Bambolês

Você pode criar seus próprios bambolês com mangueira e fita adesiva. Corte um pedaço de mangueira de tamanho adequado e junte os dois lados com fita adesiva. Use apenas fita suficiente para unir a mangueira; não deixe o ponto pesado demais, fazendo o bambolê ficar desequilibrado.

materiais necessários

MANGUEIRA E FITA ADESIVA

Assim que você criar dois bambolês, um para cada uma, você pode aprender (ou relembrar) como manter o bambolê rodando em volta da cintura sem que ele caia no chão. Quando vocês duas pegarem o jeito, faça um concurso e veja qual de vocês consegue manter o bambolê girando por mais tempo.

58

Clube do livro mãe e filha

HÁ MUITAS MANEIRAS DE ORGANIZAR um clube do livro de vocês. A idade da sua filha será um dos fatores que a ajudará a decidir como proceder. O clube do livro pode ser simplesmente você e sua filha fazendo visitas regulares à biblioteca e cada uma selecionando os livros mais atraentes. (Atualmente as bibliotecas oferecem muitas opções além de livros, mas mesmo que ela possa escolher CDs ou DVDs enquanto estiver lá, o principal propósito desta atividade - além de unir vocês duas - é ler.)

materiais necessários

CARTÕES DE BIBLIOTECA E PAPEL E CANETA OU COMPUTADOR (OPCIONAIS)

Organize "encontros do clube do livro" em casa, em que vocês discutem os méritos dos livros que pegaram, antes de devolvê-los à biblioteca e pegar outros.

Vocês podem até escrever uma resenha sobre cada livro que pegaram, ou sobre o seu livro predileto da semana, e ler o texto uma para a outra.

59

Cartaz das "coisas prediletas"

Você e sua filha vivem discordando... certo? Como todas as mães e filhas, vocês certamente têm suas diferenças no que se refere à comida predileta, o tipo de música favorito, de roupa, e... bem, a quase tudo. Mas à medida que ela amadurece (e você também!), vocês podem aprender a respeitar as suas diferenças. E vocês podem encontrar coisas em comum.

materiais necessários

CARTOLINA, FOTO SUA E DA SUA FILHA, TRÊS CANETINHAS DE CORES DIFERENTES MAIS UMA CANETINHA PRETA E COLA

Então, este é o acordo: vocês farão um cartaz em que mostrarão suas preferências individuais... e também com as coisas com as quais vocês concordam.

Na parte de cima da cartolina, escreva "Nossas Coisas Prediletas" em preto. À esquerda da cartolina, também em preto, escreva categorias como Música, Canção, Comida,

Dança, Cantor, Escritor, Lugar, Restaurante e qualquer outra categoria que vocês quiserem adicionar. À direita, cole uma foto sua (pode ser só do rosto) e escreva MAMÃE de uma cor - vermelha, por exemplo. À direita dessa foto, cole uma foto de sua filha e coloque o nome dela em outra cor - azul, por exemplo.

Agora preencha as categorias para cada uma de vocês. Cada uma vai preencher a sua coluna de favoritos com a cor apropriada. Mas, quando vocês concordarem, use uma terceira cor - o roxo, por exemplo, que é, claro, uma mistura de azul e vermelho.

60

Refeições do coração

NUNCA É CEDO demais para que sua filha aprenda a importância de ajudar os outros. Esta atividade pode ser muito prazerosa e gratificante, e você e sua filha vão se divertir trabalhando lado a lado.

materiais necessários

TUDO O QUE VOCÊ PRECISAR PARA PREPARAR UMA REFEIÇÃO SIMPLES, MAIS RECIPIENTES PARA GUARDAR A COMIDA. OPCIONAL: UM LAÇO DE FITA (QUE PODE SER COMPRADO PRONTO OU VOCÊ MESMA PODE FAZER)

Escolha um beneficiário de sua tarefa: um parente, um amigo ou um vizinho que tenha dificuldade de locomoção. Pode ser alguém mais velho, alguém com a saúde debilitada ou alguém que por alguma razão não pode perder muito tempo na cozinha ou ir a um restaurante ou comprar uma refeição pronta.

Pense nas condições físicas dessa pessoa (ela tem dentes ruins e só pode comer alimentos tenros; seu estado de saúde exige que evite sal ou açúcar?), planeje desde apenas um prato até um jantar completo (prato principal, salada, massa ou arroz, e se possível, sobremesa) que pareça apropriado. Lembre-se de que quem vai receber a refeição pode preferir pratos simples. Não é necessário cozinhar nada elaborado. Uma refeição (ou prato) simples, saudável, substanciosa, será muito bem-vinda. Pode ser algo básico como salada de frango, pernil assado, bolo de carne ou frango grelhado. Evite algo que tenha que ser servido muito quente a não ser que a pessoa que vai receber a comida more muito perto. E escolha algo em cuja preparação a sua filha possa se envolver ativamente.

Se quiser, você pode levar sua filha às compras para adquirir os ingredientes necessários. Ou o envolvimento dela pode começar quando vocês começarem realmente a preparar a comida. Enquanto vocês trabalham juntas na cozinha, conversem sobre o vizinho, amigo ou parente que vai aproveitar uma boa refeição caseira (ou prato) e sobre como as pessoas se sentem bem ajudando as outras.

Quando o prato ou refeição estiver guardado em recipientes (papel-alumínio, ou o que for apropriado), colocado em uma sacola, cesta ou bandeja, e estiver pronto para o transporte, você pode colocar um belo laço colorido nas alças da sacola ou cesta ou uma flor na bandeja, se quiser, e vocês duas poderão levar a comida até a pessoa selecionada.

Alternativa: Em vez de levar uma refeição ou um prato, vocês podem levar biscoitos, um bolo ou bolinhos.

61

"Quando eu era uma menininha"

TODA CRIANÇA ADORA ouvir histórias na hora de dormir. Mas estas são histórias *especiais*. Não são apenas histórias sobre o Lobo Mau, duendes, elfos ou mesmo princesas. São histórias sobre *você*... quando você era mais nova. Estas histórias são "Minhas Histórias" de quando você era criança.

materiais necessários

NENHUM

Crianças pequenas ficam encantadas ao saber que as mães já foram pequenas. Em suas mentes, mamães sempre foram mamães. As meninas mais velhas têm a percepção que suas mães foram crianças no passado, embora se esqueçam disso. Divirta sua filha contando histórias de quando você era criança. O que a divertia? O que a chateava? No que pensava? O que era divertido para você? O que seus pais faziam para mantê-la ocupada e feliz? Quais eram suas brincadeiras prediletas? Que tarefas você odiava mais?

62

Praia-no-pote

ESTA ATIVIDADE requer proximidade de uma praia - se vocês não moram perto da praia, podem visitar uma. Vá com sua filha caminhar pela praia e leve um pote vazio. Ponham uma camada de areia na jarra e pedras pequenas ou pedaços de madeira na areia. A seguir adicionem conchas e finalmente encham o pote com água do mar. Tampem bem e levem a jarra para casa.

materiais necessários

POTE, AREIA, PEDRAS E/OU PEDACINHOS DE MADEIRA, CONCHAS, ÁGUA DO MAR E PANELA

Em casa, encha uma panela com água e coloque o pote na panela. Deixe em água fervente por quinze minutos, eliminando desse modo toda a alga. Tire da água (faça você essa parte, mãe) e deixe esfriar antes de sua filha exibi-lo orgulhosamente em seu quarto (ou na sala).

63

Críticas de cinema

A IDEIA AQUI É ACHAR UM LIVRO que tenha inspirado um filme (*A Fantástica Fábrica de Chocolate*, por exemplo, para uma filha mais nova, ou o *Dr. Dolittle*, ou um dos livros do Harry Potter), e que vocês duas leiam o livro e assistam ao filme juntas (mais provavelmente em DVD, embora seja possível em um cinema) e discutam e comparem os dois.

materiais necessários

LIVRO E FILME BASEADO NELE, ADEQUADOS À IDADE DA SUA FILHA

Aqui há algumas sugestões de tópicos para discussão: o filme foi fiel ao livro? Melhor ou não tão bom? Os atores foram fiéis aos personagens? O final foi o mesmo, e se não foi, foi melhor ou não tão satisfatório? O que vocês acharam das partes do livro que foram omitidas no filme - cenas ou subtramas, por exemplo? Foi adicionado algo ao filme que não existia no livro, e como vocês se sentiram em relação a isso? Vocês acham que seria diferente se tivessem assistido ao filme antes de ler o livro ou vice-versa?

64

Tâmaras recheadas (com pasta de amendoim)

PARA UMA SOBREMESA OU LANCHE, as tâmaras são uma guloseima doce de fácil preparo, e você e sua filha podem se divertir juntas preparando-as.

Comprando tâmaras sem caroços você elimina a tediosa tarefa de tirar caroço por caroço.

Se a máquina de descaroçar não fez uma incisão grande na tâmara, você, mãe, precisará abrir as tâmaras o suficiente com uma faca para que sua filha possa inserir cerca de uma colher (chá) - a quantidade não precisa ser precisa - de pasta de amendoim em cada tâmara.

Salpique um pouco de açúcar (não exagere) em uma mesa limpa, uma tábua de legumes ou um pedaço de papel-manteiga ou papel-alumínio, e role cada tâmara recheada de pasta de amendoim

materiais necessários

TÂMARAS SEM CAROÇO, PASTA DE AMENDOIM – UMA COLHER (CHÁ) POR TÂMARA –, UMA FACA, AÇÚCAR E PAPEL-MANTEIGA

no açúcar. A seguir coloque as tâmaras sobre um pedaço limpo de papel-manteiga ou papel-alumínio, e quando você tiver preparado o número de tâmaras desejado, coloque no *freezer*. Elas vão ficar ainda mais saborosas congeladas.

É óbvio que esta atividade não deve ser feita por quem tem alergia a amendoim ou a nozes.

65

Dança comigo?

QUAIS DANÇAS eram populares quando você era mais nova? Sua filha pode achar que as "suas" danças são engraçadas... mas ela também pode curtir aprendê-las. E como as crianças adoram "ensinar a mamãe", ela provavelmente ficará feliz em ensinar as danças que ela e os amigos dela gostam... e/ou seus próprios movimentos especiais e

materiais necessários

MÚSICA (UM MP3, TOCA CDS, RÁDIO OU CANAL DE TV MUSICAL)

passos de dança que ela desenvolveu e aperfeiçoou. Então coloque a música e mostrem uma para a outra os seus melhores passos.

66

Dobraduras de guardanapos

PRATICAMENTE TODO MUNDO conhece os dois métodos básicos de dobrar um guardanapo: você pode dobrar o guardanapo ao meio em uma linha imaginária para criar um retângulo, ou pode dobrá-lo de modo que os dois lados diagonalmente opostos se encontrem, formando um triângulo. Mas há inúmeros modos elegantes e complexos de executar esta tarefa - alguns especiais para deixar o guardanapo ao lado ou em cima do prato, outros feitos com a intenção de que o guardanapo "floresça" e fique sobre uma taça de vidro

materiais necessários

PELO MENOS DOIS GUARDANAPOS DE PANO

vazia ou ao lado do prato. Você também pode criar o bolso onde os talheres são inseridos.

Se você e/ou sua filha sempre ficam frustradas tentando entender essas dobras, há instruções na internet e em livros. Mas se vocês têm um bom nível de tolerância à frustração, é mais divertido que tentem entender as dobras intrincadas sozinhas. Sem competir para ver quem inventa a melhor, a mais atraente ou a primeira boa dobra, você e sua filha podem trabalhar lado a lado, cada uma tentando um bom resultado com dobraduras elegantes. Quando uma de vocês conseguir uma boa dobradura decorativa, ensina a outra... e continuem tentando achar mais dobras boas.

67

“Vamos pintar o quarto”

QUE CRIANÇA não quer ter o seu quarto pintado? Sua filha pode querer paredes de outra cor, e você pode ajudar a sua filha a pintá-las. Vocês podem trabalhar com os rolinhos ao mesmo tempo, adicionando extensores compridos para alcançar o teto. Você trabalha em uma parede enquanto ela trabalha em outra. Cabe a você subir na escada para pintar as partes perto do teto com um pincel.

Sua filha vai adorar o quarto recém-pintado e terá o prazer adicional de dizer: “Fui eu que fiz.” (Com uma pequena ajuda da mamãe).

materiais necessários

TINTA, DOIS ROLINHOS COM EXTENSORES COMPRIDOS, UM PINCEL PEQUENO (PARA PINTAR OS CANTOS E AS JANELAS E BATENTES DE PORTAS), DUAS BANDEJAS DE TINTA, TECIDO PARA FORRAR O CHÃO (OU JORNAIS VELHOS) E UMA ESCADA

68

Como é que isso funciona?

DISPOSITIVOS, ENGENHOCAS E MECANISMOS, puxa vida. Você acabou de comprar um telefone ou relógio novos? O que vai fazer com o velho? Que tal você e sua filha desmontarem o aparelho para ver como ele funciona? Mas não é preciso esperar até comprar um aparelho eletrônico ou mecânico novo e aposentar os velhos. Compre aparelhos usados em feirinhas ou em lojas de artigos usados para “pesquisar”.

materiais necessários

QUALQUER OBJETO MECÂNICO QUE VOCÊ ESTEJA DISPOSTA A INUTILIZAR OU COMPRADO DE SEGUNDA MÃO COM O PROPÓSITO DE SER DESMONTADO, CHAVES DE FENDA E TALVEZ OUTRAS FERRAMENTAS PARA DESMONTAR OS APARELHOS QUE VOCÊS VÃO INVESTIGAR

Dica: quanto mais mecânico e menos eletrônico for o objeto, mais aparentes serão seus mecanismos. Não há muito para ver em um aparelho constituído basicamente de placas de circuitos. Vocês vão fazer mais descobertas com um feito de engrenagens ou pêndulos ou ambos

... como um relógio de corda, um *timer* de cozinha ou um brinquedo de corda.

Não há nada de errado com dispositivos que sejam principalmente eletrônicos. Eles também podem ser divertidos de investigar. Mas seu método de funcionamento será menos transparente.

Aviso: alguns componentes eletrônicos podem conter toxinas, então não abra partes pequenas e lave bem as mãos depois.

Atividade especial para meninas mais velhas: separe as partes desmontadas de diversos objetos e vejam se vocês duas conseguem juntá-las em uma nova invenção. Mesmo que seu objeto recém-criado não tenha nenhum propósito sério, se vocês conseguirem que ele faça qualquer barulhinho, ande, espirre água ou execute uma outra função, vocês terão a diversão e a satisfação de qualquer inventor principiante.

❀

69

O jardim mágico de júpiter

A NÃO SER QUE SUA FILHA seja mais velha - dez anos ou mais - é melhor você fazer a maior parte da preparação da atividade sozinha enquanto ela assiste. Depois deixe que ela aproveite os resultados. Aqui está o que fazer:

Ponha a solução de anil na tigela. Adicione sal suficiente para que a mistura fique um líquido grosso e granuloso. Adicione uma gota ou duas de corante de alimentos, se quiser. Ponha o pedaço de carvão no meio da fôrma de torta. Pingue a mistura de sal e anil no carvão, devagar, tentando deixar a maior parte da mistura sobre o carvão, em vez de deixar escorrer para a fôrma. Adicione um pouco de água na fôrma. Coloque a água em volta do carvão e não em cima dele, para não tirar a mistura de sal e

materiais necessários

DUAS COLHERES (SOPA) DE SOLUÇÃO DE ANIL (ENCONTRADA NA SEÇÃO DO SUPERMERCADO DE SABÃO EM PÓ E ALVEJANTE), SAL, UM PEDAÇO DE CARVÃO, ÁGUA, CORANTE DE ALIMENTOS (OPCIONAL), UMA FÔRMA DE TORTA, UMA COLHER E COLHERES DE MEDIDAS

anil do carvão. Ponha a panela em um lugar onde você pode deixá-la em segurança por um tempo.

Esse lugar não deve ser:

- Um lugar onde um animal de estimação ou uma criança pequena possam alcançar e ingerir algum dos ingredientes.
- Uma mobília fina ou qualquer outra superfície que possa se estragar se cair água. O padrão de crescimento do Jardim Mágico de Júpiter é imprevisível. Ele *pode* crescer além das bordas da panela e molhar a superfície abaixo.
- Um lugar onde ele possa ser empurrado ou derrubado por alguém. O Jardim Mágico de Júpiter é frágil e quebra com facilidade.

Fique de olho na sua criação. Em uma hora, o Jardim Mágico começará a crescer. Soltará espirais, brotos estranhos e formas fascinantes. Nenhum Jardim Mágico é igual a outro. (De fato, é interessante criar *dois* Jardins Mágicos de Júpiter lado a lado e observar as diferenças entre os dois. Embora você tenha feito tudo exatamente da mesma maneira, eles não serão idênticos.)

70

Família unida tricota unida

PARECE QUE TODO MUNDO TRICOTA hoje em dia... inclusive várias celebridades. Tudo que é antigo está de volta novamente, e o passatempo preferido de sua tataravó está na moda. Junte-se à sua filha nessa diversão... e virem "tricoteiras de primeira".

materiais necessários

AGULHAS DE TRICÔ, LÃ E INSTRUÇÕES (SE VOCÊ AINDA NÃO TEM MUITO CONHECIMENTO DE TRICÔ)

Se já sabe tricotar, você está dois passos adiante nesta atividade e só tem que ensinar sua filha. Se não sabe, pode aprender junto com ela. Muitas lojas de artesanato, bazares ou armarinhos oferecem aulas de tricô (muitas vezes de graça), em que você e sua filha podem ir juntas antes de começar a manejar as agulhas. Se não encontrar nenhum desses cursos por perto, ou se você prefere aprender no seu próprio ritmo, pegue um livro na biblioteca que ensine a tricotar ou baixe instruções pela internet. Assim que dominar o básico, você pode aprender a fazer trabalhos mais sofisticados e complicados. Seja qual for o nível em que cada uma de vocês estiver, façam "sessões de tricô" regulares ou não, em que vocês sentam, tricotam, conversam e comparam seus trabalhos.

71

Acampamento na sala

SE NÃO FOR POSSÍVEL acampar no quintal, você pode acampar na sala.

A decisão de montar uma barraca (se você tiver uma) ou não vai depender da quantidade de mobília e do nível de realismo que você quer obter com esta experiência. De qualquer modo, você pode dormir sobre edredons, em colchões de ar, em sacos de dormir ou simplesmente sobre lençóis espalhados no chão.

Nada de TV nessa noite. Vocês vão se entreter contando histórias de terror ao redor de uma lanterna "fogueira", lendo gibis à luz da lanterna, compartilhando histórias íntimas no agradável "anonimato" da escuridão total e talvez mordiscar barrinhas de cereal ou outra comida de acampamento. (Vocês terão de esquecer as salsichas ou linguiças assadas - uma fogueira na sala está fora de cogitação!)

materiais necessários

EDREDOM, COLCHÃO DE AR, SACO DE DORMIR OU LENÇÓIS E TRAVESSEIROS, LANTERNAS, BARRINHAS DE CEREAL OU OUTRAS COMIDAS DE ACAMPAMENTO, GIBIS. OPCIONAL: BARRACA

Apague todas as luzes da casa, dos corredores e dos cômodos próximos, não apenas a da sala. Recrie a escuridão dos bosques ou do campo à noite, para simular uma experiência de acampamento da melhor forma possível. Não há lua nessa noite, nem mesmo as estrelas iluminam o caminho, mas cada uma de vocês tem uma lanterna caso precisem levantar no meio da noite.

72

Bingo de palavras

A SUA FILHA PRECISA TER IDADE suficiente para ler palavras simples. É um jogo de dois a quatro jogadores. Portanto, depois que você jogar com a sua filha e tiver aprendido, ela pode jogar com os amigos ou você pode incluir a família toda em outras ocasiões.

materiais necessários

CARTÕES SUFICIENTES PARA CRIAR SEIS CARTAS COM FIGURAS E 30 CARTAS COM LETRAS, TESOURA, GIZ DE CERA OU CANETINHAS, E DOIS LIVROS OU ALGO EM QUE OS JOGADORES POSSAM APOIAR OS CARTÕES COM AS LETRAS (COMO OS SUPORTES DE PEÇAS DE PALAVRAS CRUZADAS)

Antes de jogar, sua filha pode se divertir ajudando a preparar os materiais necessários para o jogo. Há seis cartões com figuras. Todos devem ser do mesmo tamanho, de tamanho grande o bastante para sua filha desenhar uma figura nele e escrever a palavra correspondente embaixo. As seis figuras são BOLSA, NARIZ, CARNE, TIGRE, BEIJO e BLUSA.

As 30 cartas devem conter as seguintes letras: 4: A; 3: B; 1:

C; 3: E; 1: G; 3: I; 1: J; 2: L; 2: N; 2: O; 3: R; 2: S; 1: T; 1: U; 1: Z. Elas devem ser de um tamanho que permita segurá-las confortavelmente e ser exatamente iguais, de modo que não possam ser identificadas de costas. É melhor você cortar as cartas e sua filha escrever as letras.

Agora o jogo:

Embaralhe as cartas com figuras e coloque-as viradas para baixo, em uma pilha ou espalhadas. Cada jogador pega uma carta e a deixa virada para cima na sua frente, de modo que só ele a veja. Deixe as que sobraram de lado.

Embaralhe as outra 30 cartas sobre a mesa com as letras viradas para baixo. Cada jogador pega seis dessas cartas e as coloca apoiadas em um livro ou um outro suporte que as manterá em pé, de modo que só ele possa vê-las.

Escolham quem vai começar. (Vocês podem tirar par ou ímpar, jogar um dado ou qualquer método que preferirem.) Em um jogo com mais de dois jogadores, continuem o jogo no sentido horário.

A primeiro a jogar pega uma carta de letra. Ela tem a opção de pegar uma do centro da mesa ou de tirar uma da adversária. (Em um jogo com três ou mais jogadores, ela pode pegar de qualquer adversário.) Depois de olhar sua nova aquisição, ela deve descartar qualquer carta de letra no centro da mesa e embaralhar com as outras cartas.

Se ela tirou uma das suas cartas, você pega uma nova carta da mesa (não da mão dela).

O jogo continua alternando os jogadores, que pegam uma carta da mesa ou de um adversário, e depois descartam uma carta e embaralham. Na sua vez, o jogador pega apenas uma carta.

Repor sua carta quando o adversário tira uma carta da sua mão não conta como uma vez.

O objetivo do jogo é pegar as cinco letras necessárias para compor a palavra no cartão da figura. Não é aconselhável fazer uma cara feliz e deixar os adversários saberem que você está perto de conseguir, porque eles podem resolver ficar tirando cartas da sua mão. Você não pode proteger as suas cartas. Se um adversário escolher pegar uma carta que é útil para você, ele pode fazer isso.

Quando tiver todas as letras necessárias para escrever a sua palavra, grite "Bingo!" e vire suas cartas com letras, perto da carta com a figura, para mostrar que você está certa. Quem conseguir primeiro, ganha o jogo.

Variação: quando há apenas dois jogadores, pode-se jogar com duas cartas de figura por vez, mas eles vão pegar apenas seis cartas de letras cada. Quando um jogador conseguir as cinco letras de que precisa, ele diz "Bingo!" e coloca a figura para cima com as letras para cima também. Essas letras não podem ser usadas pelo oponente. No entanto, o jogo continua: o jogador que formou a primeira palavra pega mais cinco cartas de letra. O ganhador será o que conseguir formar as *duas* palavras correspondentes às duas figuras que ele pegou.

73

A farra do carro

LAVAR O CARRO: para você é uma tarefa a ser feita o mais raramente possível e o mais rápido possível. E para a sua filha? É uma atividade de adultos (o que é automaticamente divertido) e é uma oportunidade de ficar o mais molhada possível sem reclamações dos pais. (Cuidado. Você também vai se molhar!)

materiais necessários

SABÃO, MANGUEIRA, ÁGUA E TRAPOS

Em um dia bem quente, vistam seus maiôs ou roupas que possam ficar molhadas e/ou ensaboadas. Torne a atividade ainda mais divertida deixando sua filha escrever seu nome com a espuma de sabão ou criar "arte" com o sabão antes de começarem a séria tarefa de molhar o carro, lavá--lo e enxaguá-lo.

74

Ato qualquer de bondade

Pratique um Ato Qualquer de Bondade: este já foi o seu mantra, ou pelo menos algo que você gostaria de pôr em prática com mais frequência? Como sua filha se sente em relação a isso? Comece esta atividade com uma discussão sobre como é bom iluminar o dia de alguém e como esse ato não envolve nada muito complicado, que precise de muito tempo ou de dinheiro.

materiais necessários

EM GERAL NENHUM, OU VÁRIOS MATERIAIS, DEPENDENDO DA BOA AÇÃO QUE VOCÊS ESCOLHEREM

Nós já falamos em levar refeições para um parente ou vizinho mais velho ou inválido (Refeições do Coração, página 109), e esse certamente é um ato de bondade, mas há outras coisas que podem ser feitas pelas pessoas, que vão tornar o dia delas melhor.

Que tal sorrir para um estranho na loja em que você estiver fazendo compras - talvez a mulher na sua frente na fila do caixa - e falar sobre o clima ou algum outro assunto neutro? Ou ajudar alguém que parece ter dificuldade para atravessar a rua? Ou levar suas revistas velhas, já lidas, prontas para a reciclagem, para um vizinho que não pode sair de casa, ou uma creche local ou um centro de atividades para idosos? Que tal levar alguns alimentos em lata para uma ONG?

Vocês podem escolher um dia da semana para fazer um Ato Qualquer de Bondade, ou simplesmente se propor a fazer pelo menos um ato por semana. Depois contem uma para a outra, todas as semanas, o que fizeram, se não o fizeram juntas. Se o Ato Qualquer de Bondade foi executado por vocês duas juntas, vocês podem discutir sobre o que fizeram, como acharam que quem foi beneficiado se sentiu e qual pode ser o AQB da próxima semana.

75

Palavras positivas

Este pode ser qualificado como um Ato Qualquer de Bondade (veja a atividade anterior), mas é uma atividade tão importante que merece ser trabalhada à parte. Minha avó sempre foi a favor de falar para as pessoas o que gostamos nelas, elogiar seus pontos fortes, dizendo coisas boas e merecidas sobre elas. Naturalmente, isso pode ser feito exatamente desse jeito - falando, como dizia minha avó -, mas eu acredito em colocar as coisas boas por escrito. Uma nota curta é um "lembrete", algo que se pode pegar para reler em qualquer momento do dia em que precisarmos de um apoio.

materiais necessários

PAPEL E CANETA OU COMPUTADOR

Portanto o que sugiro aqui é que você e sua filha conversem sobre as pessoas legais que vocês conhecem e depois sentem para escrever um bilhete juntas, ou um bilhete cada uma, para uma pessoa (ou duas pessoas diferentes, cada uma de vocês escrevendo para uma delas), agradecendo essa pessoa por ser tão gentil ou agradável, ou por algo específico que ela tenha feito. O bilhete não precisa ser longo ou formal. Tudo o que vocês realmente precisam dizer é: "Querido(a) ________, estou escrevendo este bilhete para dizer o quanto eu/nós gostei/gostamos ________." E a seguir listem os pontos positivos dela, ou a coisa específica que ela fez uma vez ou faz regularmente que vocês acham que merece elogios.

O bilhete não só servirá como um estímulo positivo para quem o recebe: também será uma lição para a sua filha sobre a importância de dedicar um tempo distribuindo gentilezas às pessoas.

COLABORARAM NESTE LIVRO

Coordenação editorial Maria Elisa Bifano
Produção gráfica e direção de arte Vivian Valli
Tradução Ligia Arata Guimarães Barros
Revisão Kleber Kohn/Et Cetera Editora
Projeto gráfico e composição Silvia Souza/Et Cetera Editora
Foto da capa Shutterstock

FICHA TÉCNICA

Impressão Paym Gráfica e Editora
Papel Cartão 250 g/m² (capa), Offset 75 g/m² (miolo)
Tipologia EideticNeo 14/18

Para preservar as florestas e os recursos naturais este livro foi impresso em papel 100% proveniente de reflorestamento e processado livre de cloro.

GRÁFICA PAYM
Tel. (011) 4392-3344
paym@terra.com.br